Ser intuitivo

CATHERINE BALANCE

Ser intuitivo

escuchar la vocecita de la vida

EDICIONES OBELISCO

Si este libro le ha interesado y desea que le mantengamos informado
de nuestras publicaciones, escríbanos indicándonos qué temas
son de su interés (Astrología, Auto ayuda, Ciencias Ocultas,
Artes Marciales, Naturismo, Espiritualidad, Tradición...)
y gustosamente le complaceremos.

Puede consultar nuestro catálogo en www.edicionesobelisco.com

Colección Nueva Consciencia

SER INTUITIVO

Catherine Balance

1ª edición: Junio de 2004

Título original: *Être Intuitif*

Traducción: *Amalia Peradejordi*
Diseño de cubierta: *Mònica Gil Rosón*
Maquetación: *M.ª Carmen Pérez Frías*

© 2000 by Éditions Recto-Verseau
(Reservados los derechos)

© 2004, Ediciones Obelisco, S.L.
(Reservados los derechos para la presente edición)

Edita: Ediciones Obelisco S.L.
Pere IV, 78 (Edif. Pedro IV) 3ª planta 5ª puerta
08005 Barcelona-España
Tel. 93 309 85 25 - Fax 93 309 85 23
E-mail: obelisco@edicionesobelisco.com

ISBN: 84-9777-111-7
Depósito legal: B-23.314-2004

Printed in Spain

Impreso en España en los talleres gráficos de Romanyà/Valls S.A.
Verdaguer, 1 - 08076 Capellades (Barcelona)

A mi «hado» y a mi «hada»
Laurent y Maria,
a los principitos de mi corazón,
Pablo y Noé,
a mi padre,
cuya benefactora presencia siempre siento
y a mi intuitivísima madre,
que tan bien sabe mostrarme
el camino de la vida...

Agradecimientos

En primer lugar, me gustaría dar las gracias a mi amiga Caroline Gindre por su valiosa labor tanto de relectura como de revisión del manuscrito. Este libro ha suscitado numerosas y apasionantes conversaciones. Y precisamente una de ellas fue la que me proporcionó las primeras bases para mi reflexión. Debo la aparición de este libro a mi madre, Suzanne, y a su compañero, René, y quiero expresarles aquí toda mi gratitud por su apoyo.

Por su ayuda, sus comentarios y/o sus testimonios, también les doy las gracias a mis amigos Luc Bigé, Alain Guillon y Pascal Mathieu, así como a Juan Alarson, David Amos, Maryse Chedeau, Annie Chevalier, Eric Driffort, Myriam Sigoura, Fabienne Tanti y... Richard.

Y, finalmente, también les doy las gracias a Laurent Montbuleau y a Maria de Araujo por sus afectivos ánimos, sus consejos, su disponibilidad y, sobre todo, por la confianza que depositaron en mí desde el principio.

Nota al lector

Algunas mañanas, en el metro, me dirijo sin pensarlo hacia una parte del vagón llena de gente. Si escucho la voz de la razón que me dice que ese sitio está demasiado lleno, enseguida me cambio de lugar para darme cuenta en la siguiente estación de que algunas personas se bajan dejando libres los asientos. Mi intuición me había indicado correctamente el lugar adecuado, pero yo no quise escucharla. Diariamente, nos enfrentamos a situaciones en las que tenemos que elegir entre la razón y la intuición. Aprender a distinguir estas dos voces ha sido mi principal objetivo durante toda la elaboración de este libro. He encontrado una importante clave para desarrollar la intuición.

Cuando empecé esta obra, disponía de muy pocos elementos, a no ser de mi propia intuición, y ésta ha sido la que me ha dirigido durante toda la escritura de este libro. De hecho, mientras escribía «el pensamiento creativo»,[1] me di cuenta de que mi intuición se había desarrollado considerablemente y que cada vez podía recurrir a ella con más facilidad. Me había vuelto más receptiva y más abierta. Leí un poco (en realidad, muy poco) y me impregné de este tema en la vida diaria, observando mis reacciones y escuchando más a los demás y también a mí misma. He querido compartir mis

---

1. Catherine Balance, *La pensée créatice*, éd. Jouvence.

testimonios, lo que me sucedía en mi vida diaria, así como la forma en la que encontraba respuestas a mis preguntas.

Con frecuencia, los ejercicios que sugiero se me han ocurrido espontáneamente y, en la actualidad, todavía siguen resultándome útiles.

Se trata de una experiencia íntima, incluso aunque podamos recibir ayuda. Por supuesto, a lo largo del camino he tenido numerosas entrevistas y conversaciones, así como importantes tomas de conciencia, en particular en los sectores profesionales que frecuento, el de la informática y el de los artistas. Dos universos muy diferentes, pero en los que la intuición se halla igualmente presente.

A menudo, los informáticos exploran de forma intuitiva un nuevo programa con el fin de comprender su funcionamiento. Por su parte, los artistas llaman «inspiración» a aquello que les conduce a crear. Para mí, se trata de la misma fuente.

Además, aunque la intuición revele en sí misma una parte femenina, no es algo exclusivo de las mujeres. Todos los hombres cuyos testimonios recogí, incluyendo a los más racionales, reconocen haber recurrido a ella con bastante frecuencia, ya se trate de terapeutas, de hombres de negocios o de artistas.

La intuición es una cuestión de disposición interior. No se aprende, se redescubre y se alimenta. Estoy profundamente convencida de que es accesible a todos. Está cerca, a nuestro alcance. Tan sólo tenemos que subir algunas escaleras de nuestro interior, dar algunos pasos para abrir la puerta que nos conduce a ella y, en realidad, esto no es algo tan difícil de realizar.

Este libro nos invita a este viaje interior; al descubrimiento de este valioso instrumento de conocimiento, que es el de la intuición.

Capítulo 1

La intuición

A veces, cuando escribo y busco una frase, una palabra o una idea, cierro los ojos y pido una respuesta. Por regla general, bastan unos pocos segundos para que los pensamientos o las imágenes aparezcan de forma espontánea en mi mente. Entonces, encuentro la palabra adecuada, una frase más eficaz o más precisa, o incluso la idea que estaba buscando para apoyar un razonamiento.

Es lo que yo llamo *mi varita mágica, mi sésamo* para comunicarme con mi ser profundo. Es la intuición, el instrumento para acceder a una red más amplia de conocimientos. Me gusta imaginar que todos estamos unidos por un canal a un amplio océano por el que navega un infinito surtido de pensamientos, y que nos basta con extraer y elegir aquellos que mejor se corresponden con lo que vivimos. Sería una fabulosa explicación para la expresión *«la respuesta está en el aire»*, así como para todos los descubrimientos simultáneos de los investigadores y también para las tomas de conciencia colectivas como las que conocemos actualmente y que tratan sobre la ecología, la espiritualidad, el crecimiento personal, etc. «Veo» cómo este canal fluye constantemente a nuestro alrededor, al alcance de nuestro espíritu, de nuestra imaginación.

Sin embargo somos muy poco, o nada, conscientes de ello. Nuestra intuición es la que nos vincula a él y la que recoge las informaciones que nos hacen falta. Entonces, éstas aparecen en nuestra mente, en estado de vigilia o de sueño, bajo la forma de palabras –escuchamos una voz–, imágenes, emociones, sensaciones físicas... que no siempre identificamos como mensajes importantes y que dejamos a un lado, a menudo sin prestarles atención.

Ésta es la primera dificultad con la que nos encontramos para poder permanecer atentos a nuestra intuición. Así pues, para desarrollarla, primero tenemos que aprender a reconocer los mensajes que nos envía.

De hecho, podemos considerar la intuición como nuestra inteligencia interior, espontánea: Judee Gee la llama nuestro «profesor interior».[1] La mayor parte del tiempo, ésta es la que nos sugiere lo que tenemos que hacer, así como las decisiones que debemos tomar. Nos indica lo que es bueno o no para nosotros. Con frecuencia experimentamos reacciones de atracción o de rechazo por medio del tacto, del olfato, del oído o de la vista. Son manifestaciones de nuestra intuición o de nuestro instinto y nos indican nuestras preferencias.

Y, por regla general, nuestras preferencias suelen reflejar lo que más nos conviene.

Intuición e Instinto

Con frecuencia, los niños intuyen lo que tienen que comer, sobre todo cuando están enfermos. Poseen el reflejo de escuchar a su cuerpo y, sin embargo, no disponen de ningún conocimiento particular de dietética o de medicina. Lo saben sin necesidad de haber sido instruidos. A veces reclamarán un solo alimento, o se negarán a

---

1. Judee Gee, *Comment développer votre intuition*, Éd. Dangles, p. 124.

comer otro, o incluso simplemente se negarán a comer. Sabemos que, cuando están enfermos, los animales ayunan. Está claro, que cuando son pequeños, los niños reaccionan con el mismo instinto. Poseen ese conocimiento innato de lo que es bueno para ellos. Un bebé mama del pecho de su madre, *sin saber* que el hecho de mamar le proporciona leche. No se trata de un acto pensado ni premeditado, simplemente se trata de un comportamiento instintivo.

Con respecto a los animales, no hablamos de intuición, sino de instinto. El perro presiente la tormenta, un terremoto, etc.

En el hombre, también tendemos a hablar de instinto cuando se trata de cosas vitales, de todo aquello cuanto tiene que ver con su cuerpo: supervivencia, placer, impulsos, etc. Entonces hablamos de instinto de conservación, de instinto maternal, o de «olfato». Nuestro «olfato», esta aptitud natural para adivinar o prever, nuestros instintos nos previenen del peligro.

Podemos disociar instinto e intuición, aunque por lo general puedan considerarse emparentados. El instinto recurre a una acción inmediata e irreflexiva del hombre para preservarse físicamente. Nos empuja a actuar en el momento como reacción ante un peligro o una necesidad vital —el bebé que mama— o ante el placer. El vínculo con el cuerpo es directo y evidente.

La intuición nos proporciona una información inmediata, también irreflexiva. Es más mental, más cercana al pensamiento, incluso aunque no se manifieste de forma racional.

La intuición y el instinto recurren a un conocimiento que, por regla general, no sabemos encontrar por medio del razonamiento. La intuición interviene cuando tomamos una decisión sin saber muy bien por qué la tomamos y, después, con frecuencia nos damos cuenta de que hemos acertado al hacerlo. *«La intuición tiene lugar cuando sabemos, pero sin saber cómo lo sabemos».*[2]

---

2. «Intuition is when we know, but we don't know how we know», Nancy Rosanoff, *Intuition workout,* éd. Aslan, p. 16 *(traducción de la autora).*

La intuición es un paraíso perdido que podemos volver a encontrar fácilmente. Si una vez llegado a la edad adulta, el hombre sigue utilizando su instinto –la mayoría de las veces casi exclusivamente en los casos de fuerza mayor– por lo general, se ha alejado mucho de su intuición. De niño, utilizaba muchísimo su imaginación. No tenía miedo de lo desconocido y estaba abierto a sus sueños. Era el rey de su reino. No se dejaba guiar por lo racional o, en cualquier caso, no de la misma forma que una vez convertido en adulto. Por lo tanto, cuanto mayor se hace, con más reglas se encuentra y más tiende a razonar, tanto sea en la escuela como con sus padres. De esta forma, se va mostrando cada vez menos atento a su intuición.

Abrir la puerta

Algunas personas parecen saber cómo utilizar mejor su intuición que otras. Por ejemplo, los clarividentes, pero no tan sólo ellos. Aquellos que conceden importancia a su inteligencia intuitiva, por regla general lo suelen hacer porque la han podido experimentar en diferentes ocasiones. En efecto, si ya has escuchado tu vocecita interior y has acertado, es normal que tiendas a confiar en ella regularmente porque sabes que puede indicarte las direcciones más acertadas.

Siempre que seguimos nuestra intuición, sin premeditación y de forma inconsciente, a nuestro espíritu le abrimos cada vez más la posibilidad de creer en ella y de utilizarla. Estar abiertos a nuestra intuición simplemente significa que, al escucharla, encontramos el camino que nos conduce hasta ella. Recibimos confusamente todo un fárrago de informaciones, positivas o negativas, constructivas o limitadas, que nos permiten hacer buenas elecciones con respecto a nuestras vidas o que, por el contrario, nos inducen al error y nos limitan en nuestras acciones. ¿Cómo elegir? A menudo, al no saber muy bien cómo hacerlo, preferimos rechazar en bloque todo aquello que nos parece poco razonable, extravagante, arriesgado o, simplemente, desconocido. Todo aquello que, en definitiva, nos da demasiado miedo o nos apetece demasiado. Por supuesto, también podemos encontrarnos con el esquema contrario en aquellos que no dudan en asumir riesgos y que jamás escuchan la voz de la razón, mientras que a menudo, esta voz es también la de su intuición.

Nuestra intuición no es ni razonable ni extravagante, simplemente es *justa*. No podemos calificarla ni juzgarla. Si todavía lo hago, en esta fase, es para poder ofrecer unos puntos de referencia comunes para todos.

Si somos más bien «razonables», es decir, si utilizamos más nuestro cerebro izquierdo, podemos pensar que la voz de nuestra intuición no es razonable, porque es irreflexiva, y preferiremos dar marcha atrás. En todos los casos, la puerta para acceder a ella está aquí, en nosotros, muy cerca.

No está oxidada. Basta con abrirla. Para ello, debes aceptar la idea de que tu intuición siempre te aconseja lo mejor posible y recibirla sin juzgar todo lo que «oyes» y todo lo que sientes. Debes reconocer que tu intuición existe. Piensa en ella con frecuencia. Dile mentalmente, repítele, que estás dispuesto a recibirla y a escucharla.

El canal

Esta puerta que abrimos para recibir las informaciones transmitidas por nuestra intuición, yo me la imagino desembocando en el canal que evocaba anteriormente. Por supuesto, se trata de una imagen. La utilizo porque me permite visualizar y, en cierta forma, materializar la idea que me hago de la intuición. Esto me ayuda a aclarar mis pensamientos. También es un método rápido y sencillo el hecho de representar mi intuición y ponerme constantemente en contacto con ella por medio de la foto del canal o de la puerta que se imprime mentalmente. Para mí, el canal simboliza el acceso al conocimiento superior de uno mismo, de los demás y del mundo; el acceso a la parte divina del hombre. Es como si nuestro ser profundo, nuestra inteligencia superior, se comunicase con nosotros por medio de nuestra intuición con el fin de que tomemos conciencia de lo que es fundamental para nosotros y hacérnoslo vivir.

Ejercicios

Antes de empezar cualquier ejercicio, te sugiero relajarte. Si no estás acostumbrado, puedes empezar por una relajación de unos pocos minutos solamente.

Inspira profundamente por la nariz y espira por la boca varias veces. Sentado o tumbado, siente cómo tu cuerpo se relaja varias veces desde los pies hasta la cabeza. Con cada inspiración, mira cómo penetra el aire en tu cuerpo –puedes representarlo como un haz luminoso que entra por la parte superior de tu cabeza– y relaja todas y cada una de las partes de tu cuerpo, pies, piernas, caderas, espalda, brazos, cuello y nuca. Con cada espiración, observa cómo este haz de aire sale de tu cuerpo por los pies, llevándose con él las toxinas y las tensiones.

Empieza el ejercicio cuando te sientas muy relajado. La relajación permite que nos concentremos mejor y podamos explorar con más facilidad nuestra imaginación. Debido a este hecho, nos volvemos más atentos a los mensajes de nuestra intuición. Con la práctica, sabrás cómo relajarte en pocos instantes. Entonces, simplemente te bastará con cerrar los ojos y repetirte las palabras «relajación... calma... reposo»; o crearte un código físico que te haga pensar en la relajación –por ejemplo, el pulgar y el índice juntos– o cualquier otro gesto que pueda parecerte eficaz y apropiado. También puedes ayudarte por medio de casetes de relajación. Algunos ejercicios no requieren ningún tipo de preparación específica y pueden practicarse siempre que lo desees. He aquí dos ejercicios de este tipo, muy fáciles de realizar en cualquier momento y que te permitirán (re)tomar el contacto con tu intuición sin ningún esfuerzo.

16

En *El Peregrino de Compostela*, Paulo Coelho propone un ejercicio muy sencillo para desarrollar la intuición, es decir, para «abrir la puerta». Es el ejercicio del agua.

Simbólicamente, el agua representa a la madre y, por extensión, también a la creación, a lo imaginario, a la inspiración. Es la fuente; el regreso a la fuente.

«EL DESPERTAR DE LA INTUICIÓN (EL EJERCICIO DEL AGUA):
Forma un pequeño charco de agua sobre una superficie lisa y no absorbente. Contémplalo durante un rato. Después, empieza a jugar con él, sin ninguna obligación, sin ningún objetivo. Traza dibujos que no signifiquen nada en absoluto. Realiza este ejercicio todos los días durante una semana, como mínimo unos diez minutos cada vez.

No busques resultados prácticos, este ejercicio despertará poco a poco tu intuición. Y cuando ésta se manifieste a otras horas del día, fíate siempre de ella.»

PEDIR

No dudes en pedir siempre que una situación te preocupe y requiera una respuesta, así como cuando tengas que tomar una decisión. Hazlo también para cuestiones menos importantes –saber con qué tarea empezar el día o cómo vestirte... Pregúntaselo a tu intuición. Hazle la pregunta mentalmente. Sin embargo, presta atención a tu formulación. Para recibir una respuesta clara, debes hacer preguntas claras. Evita las locuciones negativas, el condicional y, sobre todo, evita hacer diez preguntas en una. Una vez realizada la pregunta, simplemente deja que te llegue la respuesta y acéptala sea cual sea. Al principio y si ello tan sólo te compromete a ti y, por supuesto, no conlleva un riesgo importante, no vayas a abandonar tu trabajo o a tu compañero o compañera dejándote guiar por el primer impulso que te pase por la cabeza– puedes someter a prueba la pregunta siguiendo lo que te proponemos a continuación. Si recibes varias respuestas a la vez, procede por eliminación en función de lo que experimentes emocionalmente ante cada respuesta. También puedes decidir no quedarte con ninguna. De hecho, al principio, lo que debes hacer es experimentar. No te tomes demasiado en serio las respuestas que recibas y no pierdas el tiempo. En otro capítulo, te propondré algunos ejercicios para ayudarte a distinguir los mensajes benéficos de tu intuición de los mensajes desordenados y limitados que son como parásitos que pueblan tu mente. Por ahora, pide. Acostúmbrate a hacerlo hasta que esto se convierta en un reflejo, en algo automático. Esto mantendrá tu espíritu alerta y hará que sostengas la idea de que pedir es algo natural y que las respuestas están en ti. Si pides, obtendrás. Después, con la práctica, recibirás una respuesta mejor cada vez.

ENCONTRAR / VISUALIZAR NUESTRA INTUICIÓN: EL CANAL
(Relajación recomendada)

Con los ojos cerrados, imagínate un lugar en el que haya un canal. Si te resulta más fácil, también puedes inspirarte en algún lugar que ya conozcas. Estás en la orilla de ese canal, su agua es clara y muy hermosa. Este canal desemboca en el mar o en un océano por el que navegan las informaciones.

¿Cómo las visualizas? ¿Bajo qué formas se materializan en tu mente los personajes, los peces, los barcos, los materiales, los objetos? Tómate el tiempo necesario para observarlos. ¿Qué informaciones te gustaría recibir? Ahora, pide a tu intuición que se presente ante ti.

Mírala cómo se acerca hasta ti.

También puede materializarse bajo la forma de una persona, de un personaje mítico, de un animal...

No te molestes por su apariencia, sea cual sea. Puedes dialogar con ella, hacerle preguntas y preguntarle su nombre. Si un nombre aparece en tu mente de forma espontánea, retenlo y no dudes en utilizarlo a continuación cada vez que tengas que hacerle una pregunta a tu intuición. Esto funcionará como una señal de reconocimiento entre tu espíritu consciente y tu subconsciente.

El hecho de hacerle preguntas a alguien a quien nombras puede parecerte más fácil que el decir que vas a interrogar a tu intuición.

Es un acercamiento mucho más concreto, un código contigo mismo que hace que la intuición resulte más accesible, permitiéndote recurrir a ella con más espontaneidad.

No obstante, si no aparece ningún nombre en tu cabeza, no te molestes por ello ni te fuerces por conseguirlo. Esto puede significar que se presentará ante ti en otro momento o que tu imaginación no lo necesita para recurrir a tu intuición o, simplemente, que la evocación de la imagen que has creado durante esta visualización será suficiente. En cualquier caso, nadie mejor que tú puede saber lo que más te conviene.

Encontrar nuestro guía interior

Para encontrar tu intuición, también puedes practicar el ejercicio de visualización de tu guía interior, descrito en numerosas obras de crecimiento personal. Es muy sencillo. A continuación, te recuerdo cómo se hace. «Te paseas por el campo... sigues un sendero que sube por una colina. A lo lejos, ves una casa... Sabes que dentro hay alguien. Cuanto más te acercas, más sientes esta presencia. Ahora, llegas ante la puerta de la casa y llamas. Alguien te abre. Es tu guía. Te invita a sentarte y a que le hagas todas las preguntas que quieras. Te contesta. Quizás no distingas muy bien sus rasgos, quizás su apariencia te resulte algo extraña. No te detengas y, sobre todo, no tengas miedo.

Pregúntale su nombre. Después, esto te permitirá llamarlo mentalmente en cualquier circunstancia y, de esta forma, enseguida podrás sentirte protegido y guiado»[3].

---

3. Paulo Coelho, *Le pèlerin de Compostelle*, éd. Anne Carrière, p. 129.

Capítulo 2

Las respuestas de la intuición

¿Cómo se manifiesta?

La intuición puede manifestarse de distintas formas.

Por el pensamiento: la vocecita interior (yo sé)

La vocecita interior es como un destello del espíritu que nos informa por medio de flashes y se distingue claramente de la palabrería de tu mente. Así es como suele manifestarse la intuición en mí la mayoría de las veces, sin duda porque el lenguaje es el medio de comunicación al que puedo recurrir con más facilidad

Oímos una frase, una palabra. También puede tratarse simplemente de un *sí* o de un *no*. Por regla general, esto suele suceder inmediatamente después de haber planteado una pregunta. Es prácticamente instantáneo. La mayor parte del tiempo, no retenemos esta respuesta, no le prestamos atención. A veces, percibimos la esencia sin haber prestado ningún tipo de atención especial a la frase o a la palabra que nos ha venido a la mente en el momento en el que hacíamos la pregunta. No conservamos en la memoria que, en un principio, nuestra intuición nos ha proporcionado un mensaje, indicándonos una respuesta.

Entonces, adoptamos nuestra decisión tal y como nos ha sido sugerida por nuestra vocecita interior, pero sin ser verdaderamente conscientes de ello. Quizás tan sólo tengamos la impresión de que esta decisión nos ha sido dictada por nuestra sensatez, es decir, por nuestra capacidad para reflexionar o actuar razonablemente.

Pues nos resulta mucho más fácil aceptar la existencia de la sensatez que la de la intuición. Sin embargo, la intuición puede sugerir elecciones «razonables». La única diferencia cuando eso se produce es que no tiene lugar ningún proceso de reflexión. El mensaje es inmediato.

Contestando con un sí o con un no

Contestar con un sí o con un no es una ilustración bastante buena de lo que acabamos de ver. En efecto, el sí o el no, cuando es totalmente intuitivo, es prácticamente un automatismo debido a la frecuencia con la que lo utilizamos sin atribuirlo por ello a la intuición. Casi siempre tenemos el reflejo del sí o del no en la mayoría de las situaciones, incluyendo las más anodinas –elegir un vestido, lo que vamos a comer... Es una primera impresión, una manera espontánea de comprender o no una nueva situación. Por supuesto, con respecto a este tipo de respuestas, pueden haber, y con frecuencia las hay, interferencias del razonamiento. Pero, por ahora, simplemente, permanece consciente cada vez que esto se produzca durante el día, es decir de todas las ocasiones en las que contestas con un sí o con un no, sin pensarlo.

Por la imagen: el cine interior (yo veo)

Algunas personas son más *visuales* que otras y les costará mucho menos tener «intuiciones-imagen». Pueden tener lugar durante la evocación de un viaje que estés planeando hacer a un país o a una región que no conoces y que alguien te describe. De repente, recibes una imagen de este país o de esta región; la visualizas. O bien, te hablan sobre alguien, o mantienes una conversación telefónica con una persona y puedes *verla*. Esta imagen podrá acercarse a la realidad o ser puramente simbólica. En ambos casos, si se trata de una intuición puede proporcionarte una importante información. No obstante, deberás tener cuidado con los excesos del cine interior producidos por tu mente, ya que ésta actúa como un parásito tanto con respecto a las imágenes como a los pensamientos. Visualizar, tener imágenes no tiene porqué significar *montarse una película*. Si eres una persona visual, poseerás la facultad de poder ver enseguida aquello que tengas que ver. Las imágenes desfilan por tu cabeza. La imagen te influye más y te *habla* con mayor facilidad que las palabras. O incluso es posible que cuando quieras explicarle algo a alguien, tiendas a utilizar un lápiz, no para escribir, sino para hacer un dibujo o un croquis.

Por supuesto también puedes ser *visual* y *pensador* a la vez. Sin embargo, con frecuencia, solemos decantarnos mucho más por el verbo que por la imagen. En efecto, en los distintos cursillos en los que he participado, he podido observar que visualizar —es decir, recibir imágenes o ser capaz de crearlas fácilmente— no resulta demasiado fácil al principio. La mayoría de las personas no siempre se sienten demasiado a gusto con este tipo de ejercicios.

Y, finalmente, nuestra intuición nos envía informaciones a través de los sueños en forma de frases, de imágenes o de símbolos. Más adelante, volveremos a hablar sobre ello.

Por los sentimientos (yo siento)

La intuición también puede manifestarse a través de un sentimiento emocional, de un sentimiento físico, o incluso de ambos a la vez. Es lo que, normalmente, solemos llamar «feeling».

Sentimos si una situación es buena o no para nosotros.

El mensaje intuitivo es simplemente percibido. No tiene porque ser verbalizado necesariamente, aunque también pueda serlo. Tampoco tiene porque existir una imagen en particular. El mensaje es sentido con fuerza. Cuando nos sentimos embargados por una emoción, con frecuencia el cuerpo suele reaccionar al mismo tiempo. El corazón late más deprisa, podemos sudar, sentir un ligero zumbido en las sienes, sufrir tensiones en la espalda, en la nuca o en los hombros...

Sin embargo, resulta mucho menos fácil escuchar un mensaje intuitivo si estamos bajo la influencia de una fuerte emoción. Suelo mostrarme muy prudente en lo concerniente a la interpretación de este tipo de mensajes, ya que también pueden ser provocados por un miedo o por un deseo demasiado intenso. Si nos sentimos profundamente trastornados, lo mejor es dejar pasar algunos días y esperar a encontrarnos en un estado más «neutro» para poder descifrar el mensaje. También puede ocurrir que una intuición se manifieste sin que ningún elemento permita comprender mejor el mensaje. Si esto se produce, no debes dudar en pedir otra respuesta con el fin de poder clarificar el mensaje.

Aunque, por regla general, nos mostremos mucho más receptivos ante una u otra de las manifestaciones de la intuición que acabamos de examinar, con la práctica, y observando las señales que te envía tu intuición, te darás cuenta de que simultáneamente recibes pensamientos o imágenes acompañadas por un sentimiento emocional o físico. Por lo tanto, debes mostrarte muy atento a todos estos mensajes, sea cual sea la forma que adopten.

Ejercicios

Adivinar

Como complemento del ejercicio *pedir*, también puedes divertirte intentando adivinar. Adivinar ejercita la mente y hace que ésta se sumerja en lo imaginario y no se refiera a nada lógico o racional. Es una actividad que desarrolla la intuición, puesto que es espontánea y no reflexionada. Cuando adivinas, entrenas tu intuición.

Hazlo como si se tratase de un juego y con cosas que no puedan acarrear ningún tipo de consecuencias.

Puedes adivinar la hora cuando no dispongas de suficientes puntos de referencia para deducirla de una forma lógica como, por ejemplo, cuando te despiertas en plena noche y no tienes ni idea de la hora que es. También puedes practicar este ejercicio durante el día, mostrándote lo más preciso posible. Puedes adivinar quién está llamando por teléfono, quién va a ganar la carrera o cuántos puntos marcará tu equipo preferido. Cuanto más cosas aciertes, más aumentarás la confianza en ti mismo y más desarrollarás tu intuición y tu capacidad para recibir sus mensajes.

CONTESTAR CON UN SÍ O CON UN NO

El ejercicio del sí o del no es muy sencillo de practicar puesto que basta con que escuches la primera respuesta que aparezca en tu mente (sí o no), en el momento justo de haber planteado la pregunta. Con la práctica, te darás cuenta de la cantidad de veces que contestas con un sí o con un no. De hecho, este ejercicio te permitirá tomar conciencia de ello. Se puede practicar en un instante y en el momento que sea. Cuando tengas que adoptar una decisión importante, puedes dedicar unos minutos a relajarte y a experimentar la sensación que despierta en ti el sí o el no, tanto física como emocionalmente. Porque, a veces, el miedo o la aprensión también pueden hacer que contestes con un sí o con un no y pueden ir acompañados por una sensación de ansiedad o de malestar. En este caso, deberás mostrarte muy atento a lo que expresa tu cuerpo.

HACER UNA PREGUNTA POR LA NOCHE

Uno de los mejores momentos para hacer trabajar nuestras facultades imaginativas, así como para entrar en contacto con nuestra intuición, es el momento en el que el cuerpo experimenta un estado de relajación natural —por la noche, justo antes de dormirnos, o por la mañana, al despertarnos. El cuerpo adopta una postura de reposo, la respiración es más lenta y la mente está menos poblada de pensamientos múltiples y/o contradictorios.

Para empezar, te sugiero que interrogues a tu subconsciente antes de dormirte. Personalmente, este es mi momento preferido para hacerlo. Y, por regla general, casi siempre suele aportar sus frutos.

En efecto, le pido a mi subconsciente que por la noche resuelva por mí la cuestión que me preocupa y que, intuitivamente, me dé una respuesta en el momento de despertarme o en sueños. Lo ideal es retener el primer pensamiento consciente (o bien una frase, una imagen o una situación de un sueño).

Es una técnica que funciona realmente bien. Seguramente, muchos de vosotros ya la habréis utilizado. En efecto, justo antes de dormirnos, resulta muy frecuente que pensemos en una situación o en un problema que necesita ser resuelto (también debemos tener cuidado y no obsesionarnos, pues puede ser causa de insomnio) y que nos despertemos por la mañana con la certeza de lo que tenemos que hacer. Esto nos indica una vez más que, muchas veces, experimentamos nuestra intuición sin saberlo.

Aceptar las respuestas de la intuición

Para desarrollar tu intuición, al principio será necesario que aceptes todas las respuestas que aparezcan en tu mente, sin pararte a pensarlas y sean las que sean.

Al principio, seguramente recibirás un sinfín de respuestas para una sola pregunta porque tu mente no dudará en inmiscuirse. En el caso de tener una intuición exacta, ¿sabes cuántas creencias limitadoras aparecerán en tu mente para intentar contradecirla? Tu mente necesitará expresarte así sus miedos e intentará hacerte razonar. Acéptalo. Cuanto más aceptes este hecho, más permitirás que tu intuición pueda existir y más importancia le darás, tanto en tu vida cotidiana como en tus decisiones. Y conforme vaya pasando el tiempo, más fácil te resultará reconocerla y considerarla como guía.

Aceptar el hecho de equivocarse

Al empezar estas prácticas, probablemente te equivoques con frecuencia, sea por haber seleccionado una respuesta limitadora en lugar de una intuición acertada, o bien sea por haber cometido un error al interpretar un mensaje, sobre todo cuando se manifiesta física o simbólicamente (como suele ocurrir a menudo en los sueños).

Equivocarse forma parte de la vida, de nuestra iniciación. No debes avergonzarte por ello. Equivocarse es algo que suele suceder al igual que cualquier otra cosa. Simplemente, debes intentar mostrarte consciente de ello. Considera que estás experimentando, poniendo a prueba tu intuición y que estás aprendiendo a *ser*.

No debes desvalorizarte por haberte equivocado, ni tampoco culpabilizarte por ello. Para desarrollar tu intuición, debes confiar plenamente en ti mismo. Por ello, al principio, te recomiendo que te limites a ejercitar tu intuición para cosas poco importantes.

E, incluso con la práctica, en el momento en el que obtengas unas respuestas cada vez más acertadas, deberás continuar mostrándote muy prudente, ya que es posible que todavía puedas seguir equivocándote alguna vez.

Acéptalo, no le prestes demasiada importancia y, sobre todo, no te juzgues.

Evitar juzgar, calificar

Un medio muy instructivo para conocer nuestros límites, para tomar conciencia de ellos y comprender la forma en que actúa nuestra mente es observar y anotar nuestros juicios. Juzgar y criticar es un reflejo de protección tanto contra aquello que tememos como contra aquello que nos atrae. Ello refleja nuestros miedos y nuestros deseos más intensos.

Estamos tan acostumbrados a hacerlo que es como una segunda naturaleza. Sin embargo, podríamos salir ganando mucho si nos decidiésemos a abandonar este tipo de comportamiento.

En efecto, ¿qué te aporta juzgar lo que acabas de decir, de pensar o de hacer?

Normalmente, lo único que te aporta es culpabilidad. Debes ser consciente de ello. Ahora bien, la culpabilidad no te hace progresar. Por el contrario, hace que te autodesvalorices y que pierdas la confianza en ti mismo. Además, aquello que hayas podido decir o pensar, ahora forma parte del pasado y ya no puedes volver hacia atrás. Utiliza esta experiencia, así como lo que hayas podido aprender de ti mismo para conseguir que esto cada vez se repita lo menos posible.

Acostúmbrate a no juzgar tus intuiciones, a no calificarlas. Evita decir «está bien» o «no está bien». Muéstrate lo más neutral posible para ser capaz de sentir con un mayor discernimiento lo que te conviene y lo que no. Permanecer en una posición neutral te permitirá aceptar todo aquello que te llegue y evitar así las restricciones que pueda acarrear un juicio. Y lo mismo ocurrirá cuando emitas una opinión.

Es más sensato decir que un libro no te gusta en lugar de decir que no es bueno. Si algo no acaba de convencerte o crees que no te conviene, simplemente, déjalo a un lado. No pierdas el tiempo y acepta que aquello que no te ha gustado también es una fuente de información sobre ti mismo.

Con el fin de evitar cualquier tipo de juicio sobre las respuestas de tu intuición, no intentes analizarlas ni razonarlas. Esto abre las puertas a todas las limitadas creencias reservadas por tu mente para protegerse de tu intuición, para no reconocerla ni tener que combatirla.

No desanimarse

Es posible que, al principio, las respuestas no te lleguen tan deprisa como desearías, o que las que te lleguen no te convenzan o bien resulten erróneas. No pierdas la confianza y no te desanimes. Todas las informaciones que recibes te permiten tomar conciencia de aquello que quieres expresar –incluyendo tus errores– y el hecho de no recibir ninguna respuesta te permite constatar que hay algo que te bloquea. No es indispensable que comprendas el porqué ni que pienses demasiado tiempo en ello. Pues, una vez más, esto podría llegar a transformarse en un juicio o en un sentimiento de culpabilidad y no te ayudaría demasiado. Es más útil aprender a aceptarlo, incluso aunque esto te rebele.

Aceptar significa aceptarte tal y como eres con todo cuanto ello pueda implicar, incluidas las desavenencias, las ideas preconcebidas y la capacidad para desanimarte. Muéstrate paciente. Si crees que necesitas más tiempo, concédetelo.

Las respuestas llegan cuando estamos preparados para recibirlas. Si te sientes preparado, no dudes en preguntar. Acostúmbrate a hacerlo regularmente, sin forzarte, hasta que se convierta en algo natural. Poco a poco, te irás dando cuenta de que te llegan las respuestas.

No forzar –dejarse llevar– perseverar

En su libro *Intuition Workout*, Nancy Rosanoff escribe: «Es mucho mejor que no ocurra nada antes que forzar una situación con el fin de que ocurra algo»[1]. En efecto, un exceso de voluntad a menudo suele frenar la recepción de los mensajes. Un exceso de concentración es contraria a la naturaleza espontánea de la intuición. «Intentarlo no significa tener éxito». Así pues, no lo intentes. ¡Deja que venga por sí solo!

Una dosificación muy sutil es la que permite asociar el dejarse llevar y la perseverancia. Perseverar no significa forzar o intentar las cosas. Perseverar significa conservar en mente nuestro objetivo –ali-

---

1. «It´s better to have nothing happen than to force something to happen», Nancy Rosanoff, op. cit., p. 26 *(traducción de la autora)*.

mentarlo con nuestros pensamientos– ser conscientes de que existe y de que todo nuestro ser se dirige hacia ese fin, sin que por ello tenga que convertirse en una idea fija. No forzar las situaciones, dejarse llevar y perseverar son las tres grandes claves para conseguir el éxito. Para dejarnos llevar, debemos cesar de recurrir a la voluntad. La voluntad no es neutra. Recurrir a ella, en cierta forma suele indicar que nos importa mucho conseguir el éxito. Si utilizamos la voluntad, nos ponemos en una situación de exigencia. Si nos exigimos demasiado a nosotros mismos, más bien se parecerá a un esfuerzo, a una lucha interior. También puede significar que una parte de nosotros no cree en el ideal que nos hemos trazado o tiene miedo y esto puede hacernos fracasar en nuestro camino. Ahora bien, para *ser* y para recibir, no necesitamos realizar ningún esfuerzo. Bastará con mostrarnos conscientes y disponibles. Si estás convencido de que tu intuición te ofrece las mejores sugerencias para tu vida, no tendrás que hacer ningún esfuerzo. Las cosas surgirán por sí mismas de forma natural.

También es necesario que renuncies a la voluntad cuando te dirijas a alguien. Si tu petición es apremiante y la repites constantemente, pidas lo que pidas y sea cual sea el tipo de relación que mantengas con la persona, existen muchas posibilidades de que ésta no responda favorablemente o de que intente evitarte. O, en el caso de que te responda, lo más probable es que te guarde un cierto rencor debido a tu insistencia. Esto no significa que no haya que pedir. Pero si practicas el ejercicio de pedir que te he propuesto anteriormente, no es para que te pases todo el día preguntando o pidiendo lo mismo. Más bien es para que te resulte natural interrogar a tu intuición siempre que necesites una respuesta. Si te llega la respuesta, muchísimo mejor, pero sino, ¡pasa a otra cosa! En ningún caso debes dejarte obsesionar por tus preguntas.

Aquí, una vez más, también se trata de saber dosificar. Si sientes el deseo de que ocurra algo y te muestras impaciente o nervioso ante la idea de que esto no funcione, esto significa que estás forzando la situación y que, probablemente, en estos momentos, tu estado de ánimo no sea el más adecuado para alcanzar tu objetivo.

Además, esta es una situación en la que a menudo puedes sentirte física o emocionalmente trastornado y, precisamente, esto no es algo que te ayude a ver las cosas con claridad. Para no forzar, es necesario dejarse llevar. Dejarse llevar, es *dejar* que las cosas sigan su curso, significa lo contrario que querer. Es estar en un estado de tranquilidad, de serenidad y de certidumbre con respecto a aquello que deseamos conseguir. Significa que somos capaces de dejar a un lado nuestro objetivo, así como de permanecer neutrales, es decir, de no sentirnos emocionalmente perturbados por él. Incluso, aunque las emociones tengan la ventaja de permitirnos expresar algo de lo que antes no teníamos conciencia, a menudo nos impiden mostrarnos neutrales y dejarnos llevar.

Cuando se persigue un objetivo, también es muy importante que observemos nuestras reacciones emocionales, que las sintamos y que descubramos los deseos y los miedos relacionados con ellas.

Para no dejar que nos frenen nuestras emociones, deberemos abandonar nuestros deseos de éxito y aceptar que es muy posible que no obtengamos aquello que deseamos. También podemos imaginar que cuando fracasamos, se nos brinda la oportunidad de poder vivir algo mejor en otra ocasión y sin que lo esperemos. Esto es lo que significa dejarse llevar, es decir, no esperar que aquello que pedimos se realice.

Seguramente, en más de una ocasión deseaste algo con fuerza y no lo conseguiste. Finalmente, optaste por renunciar a ello y «dejarlo correr». Y, justamente en el preciso momento en el que dejaste de centrar tu atención en este deseo fue cuando se hizo realidad. También aquí y para que puedas ir aprendiendo a dejarte llevar, te aconsejo que elijas unos objetivos fáciles de conseguir. Pregúntale a tu intuición sobre una situación relacionada con tu vida cotidiana; es decir, sobre una situación sin importancia y que no te comprometa emocionalmente. De esta forma, te resultará mucho más fácil no esperar ninguna respuesta y mostrarte más paciente.

Podrás experimentar la agradable sensación que provoca el dejarte llevar y familiarizarte con ella. Después, en situaciones más importantes, esto te permitirá saber reconocer si estás en un estado de espera, de estrés, de voluntad, o bien si estás dispuesto a dejarte llevar.

Cuando dejes de forzar las respuestas, significará que habrás comprendido cómo dejarte llevar y que, interiormente, poseerás una serena confianza en tu éxito.

De hecho, se trata de que jamás pierdas de vista tu objetivo, pero evitando prestarle una atención demasiado exagerada y siendo capaz de dejarlo de lado –lo que no significa olvidarlo– al mismo tiempo que sigues mostrándote confiado.

Capítulo 3

Intuición y mente

Cerebro izquierdo, cerebro derecho

Desarrollar nuestra intuición hace que recurramos a una parte de nuestro cerebro cada vez menos utilizada una vez abandonada la infancia. A partir de ese momento, nos sentimos condicionados por nuestro entorno en menor o mayor medida. En efecto, parece ser que durante la infancia, tendemos a funcionar con el cerebro derecho, centro del sentimiento, de la emoción, de la intuición, de la creatividad y del sueño. Después, renunciamos en gran parte a estas aptitudes con el fin de privilegiar el cerebro izquierdo, centro de la palabra, del razonamiento, del cálculo, del método...

Cada uno de estos dos cerebros posee unas funciones bien diferenciadas. He aquí algunas de ellas.

El cerebro izquierdo

El cerebro izquierdo nos permite razonar, reflexionar, calcular, analizar, organizar, planificar, administrar, controlar y... *actuar.* Por regla general, estas cualidades se le atribuyen al hombre o, más exactamente, al elemento masculino que hay en cada individuo. En efecto, tradicionalmente, el hombre es quien asegura la subsistencia de toda la casa —dirige el hogar y toma las decisiones en nombre de su familia. Dispone de autoridad y de poder —por su fuerza física y por su forma de pensar. Gracias al cerebro izquierdo, podemos desarrollar nuestras facultades lógicas, matemáticas, técnicas... Nos proporciona el sentido del detalle y de la ciencia exacta. A través de él, podemos explicar una situación o justificar nuestros actos.

Nos permite ser racionales y hace que apreciemos o prefiramos lo conocido, aquello que está demostrado o no puede ponerse en duda, pero esto también puede proporcionarnos un espíritu conservador. El cerebro izquierdo clasifica las informaciones, las analiza y las transforma en ideas, en juicios, en explicaciones concretas. Necesita pruebas y argumentos *palpables*. No *cree* —además, normalmente, la palabra creer suele indignar al individuo «cerebro izquierdo». Para poder aceptarlas, éste siempre tiene que verificar las informaciones que recibe.

Podemos observar que, desde hace algunos siglos, la sociedad occidental ha cultivado las facultades racionales, desarrollando el cerebro izquierdo en detrimento del derecho. Esto se verifica sobre todo en el siglo veinte. Es la civilización del *tener*.

El cerebro derecho

El cerebro derecho nos permite imaginar, soñar, crear y poseer una percepción más global, más holística del hombre, de la vida y del universo. A través de él, *creemos* y nos permitimos escuchar nuestras emociones y expresar lo que sentimos. El cerebro derecho nos impulsa a actuar en el momento por medio de intuiciones. Es el artista que extrae sus intuiciones de su imaginación, el que improvisa. Es el gusto por la aventura, por lo desconocido, por la vida bohemia. La persona «cerebro derecho» no está obsesionada por el hecho de amasar bienes ni por ordenar las cosas. Le gusta lo bello, lo agradable. Es sensible, emotiva y no necesita pruebas para creer. Le gusta el contacto humano y funciona intuitivamente por afinidades.

Es receptiva y se muestra muy abierta a las nuevas ideas... Normalmente, estas cualidades «cerebro derecho» se le suelen atribuir a la mujer o a la parte femenina que hay en nosotros, cuya aparente pasividad –mucho más vinculada con la gestación que con la acción– le permite recibir con más facilidad todos los tipos de información. En este caso, el privilegiado es el *ser*.

El cerebro izquierdo divide, desmenuza y fragmenta la información para comprenderla y analizarla, mientras que el cerebro derecho, que no se halla limitado por una necesidad de estructura, considera la información en su globalidad y puede sintetizarla porque acepta y asimila todos los datos simultáneamente. Por regla general, los científicos suelen hacer funcionar el cerebro izquierdo puesto que tienen que verificar y demostrar sus descubrimientos, lo que no les impide recibir, con mucha más frecuencia de lo que podríamos imaginar, las intuiciones del cerebro derecho, las cuales les ayudan en sus investigaciones.

Durante una conversación, Luc Bigé[1] me decía a este respecto: «En matemáticas, planteamos un teorema y después lo demostramos, lo que indica que primero suponemos. Tan sólo puede tratarse de intuición. Es una especie de visión, de percepción interior de las realidades matemáticas.

Reconocer la intuición equivale a reconocer el mundo de las ideas y es contrario al método científico. La ciencia no puede admitir que exista algo no material». Para el cerebro izquierdo, la ciencia es exacta porque es empírica. Las conclusiones científicas se demuestran por la repetición de los fenómenos estudiados. Es la prueba por el número. Si un cierto número de ratas reaccionan de la misma forma ante idénticos estímulos, esto dará lugar a unas

---

1. *Biólogo, astrólogo y escritor.*

conclusiones no discutibles y a partir de las cuales los científicos establecerán unas reglas. El cerebro izquierdo nos resulta indispensable para realizar los gestos elementales de nuestra vida cotidiana y para organizar el conjunto de nuestras actividades. El estado de relajación y la visualización son funcionamientos cerebro derecho. El cerebro derecho nos permite soñar y ésta también es una función indispensable. Sabemos que si privamos a alguien del sueño, puede llegar a desarrollar graves trastornos de comportamiento, no sólo por falta de sueño sino, sobre todo, porque ya no sueña más.

Utilizar nuestra intuición nos ayuda a desarrollar nuestro cerebro derecho y a ser capaces de enfrentarnos a aquello que no conocemos. Sin embargo, no se trata de desarrollar el cerebro derecho en detrimento del izquierdo, dado que ambos resultan necesarios. Se trata de reestablecer el equilibrio entre los dos hemisferios, entre razón e imaginación, entre racional e irracional, entre pragmatismo e idealismo entre el *tener* y el *ser*. Ya puedes hacerte una idea de la preponderancia del hemisferio de un cerebro sobre el otro y ver cuál de los dos debe desarrollarse más. Con el fin de ayudarte, hay una lista de las funciones y de las cualidades que reconoces en ti, anotando en una mitad de la página aquellas que pertenecen al cerebro izquierdo y, en la otra, las que pertenecen al cerebro derecho. Después, y para reconocer tu tendencia, suma el total de cada columna.

En occidente, por regla general suele prevalecer el cerebro izquierdo, incluso aunque un cierto número de personas –en particular los artistas y los creadores– funcionan más con el cerebro derecho. Para desarrollar el cerebro derecho, el izquierdo no debe limitarlo. En otras palabras, para conservar el equilibrio entre los dos, hay que «hacer una limpieza» y descubrir *sistemáticamente* las informaciones y las creencias que nos limitan.

Con el fin de conseguirlo y para que la planta de la intuición pueda llegar a desarrollarse de la mejor forma posible, hay que prestarle muchos cuidados, regarla y quitarle las malas hierbas producidas por el cerebro izquierdo. Y, precisamente, observando los mensajes de la mente, es como podremos empezar a «quitarle las malas hierbas».

La mente perturbadora

El diccionario define la mente como el conjunto de las facultades psíquicas; es el espíritu. En su libro *Le guerrier pacifique (El guerrero pacífico)* [2]. Dan Millman propone una forma de considerarla mucho más radical: tienes un cerebro que controla el cuerpo, almacena la información y la manipula. El cerebro no es la mente. El cerebro es real; la mente no lo es.

La «mente» es una excrecencia ilusoria de los procesos cerebrales fundamentales. Es parecida a un tumor. Abarca todos los pensamientos aleatorios e incontrolados que, surgidos del inconsciente, afloran a la superficie de nuestro consciente al igual que unas burbujas. La conciencia no es la mente; la atención no es la mente. La mente es una obstrucción, un agravante. Se trata de una especie de error en la evolución del ser humano, una debilidad básica de la experiencia humana [...] El cerebro puede ser un instrumento capaz de recordar números de teléfono, de resolver problemas de matemáticas o de crear poemas. De esta forma, trabaja para el resto del cuerpo como un tractor. Pero cuando no puedes dejar de pensar en ese problema de matemáticas, en este número de teléfono, o cuando pensamientos y recuerdos molestos surgen muy a pesar tuyo, ya no es tu cerebro el que trabaja sino tu mente la que divaga. Y entonces es cuando te controla; el tractor se ha vuelto loco. Esto ilustra muy bien el funcionamiento de nuestros pensamientos cuando estos se vuelven desordenados. Por mi parte, prefiero hablar de la «mente perturbadora» más que de la mente en general para nombrar el conjunto de los

---

2. Dan Millman, *Le guerrier pacifique*, éd. Vivez Soleil, p. 75-76. Existe edición castellana publicada por Editorial Sirio en 1987.

pensamientos o de los mecanismos de pensamiento que nos limitan, nos juegan malas pasadas y viven como parásitos impidiendo el buen funcionamiento de nuestro espíritu y, en particular, el desarrollo de nuestro cerebro derecho y de nuestra intuición. Razonar, reflexionar y analizar son funciones «cerebro izquierdo» que, utilizadas de forma excesiva, pueden comprometer el buen equilibrio entre los dos hemisferios. Por supuesto, estas funciones nos resultan muy útiles, pero si recurrimos exclusivamente, o casi exclusivamente a ellas, nos cerramos a las posibilidades de percepción «cerebro derecho», es decir, a nuestra capacidad de intuir y de sentir.

La voz de lo racional: Razonar

Una de las funciones más fáciles de reconocer del cerebro izquierdo es la de la facultad de razonar. Razonar es explicar. Es seguir aquello que conocemos, aquello que resulta más «razonable» pensar. Razonar posee unos límites como, por ejemplo, el del miedo de dirigirnos hacia lo desconocido y de aceptar nuevas ideas, miedo que además puede generar un cierto sectarismo o una excesiva rigidez de mente.

Razonar es utilizar nuestra razón y nuestro intelecto para pensar, formar ideas, juicios...

Es analizar una situación con todos sus pormenores, al igual que si se tratase de una encuesta. Es hacer un balance, considerando todos sus puntos, uno por uno, uniéndolos en una sucesión lógica que nos permita llegar a una conclusión.

Es argumentar y, por extensión, justificarnos. En cierta forma, se trata de un funcionamiento de defensa, una especie de reflejo de autoprotección. Razonar con argumentos, preferentemente muy reconocidos, permite a aquel que lo hace, en particular cuando complica su razonamiento, el guardarse una baza y tener un poder sobre los demás.

Es muy poco frecuente que el razonamiento sea neutro. A menudo suele ser un tira y afloja, más o menos polémico, entre individuos. La necesidad de tener que recurrir con regularidad a los argumentos o a las pruebas es un poco como necesitar ver para creer.

Pues podemos ver de otra forma, desde el interior, comprender con la ayuda de las sensaciones, y es muy importante que desarrollemos este tipo de percepciones. Esto nos abre otros horizontes con respecto a la comprensión de las cosas y del mundo. El peligro del razonamiento radica en que disminuye la espontaneidad del cerebro derecho, si no la suprime totalmente. En cierta forma, amputa esta facultad, impide que se desarrolle. Además, por medio del razonamiento, nos empeñamos en demostrar lo que producen una multitud de hechos colocándolos los unos a continuación de los otros, sin considerar la situación en su conjunto. Por ejemplo, un corrector de textos buscará todas las faltas que tenga que corregir, sin molestarse por ello en leer el texto. Es decir, que no se preocupará por el sentido y, prácticamente, ni siquiera sabrá de qué trata la obra. Para un trabajo de corrección sencilla –faltas de ortografía o de sintaxis– con ello es suficiente. No se requiere nada más.

Pero, si por el contrario, un error gramatical conllevase un contrasentido y el corrector no ha seguido el texto en su globalidad, es decir, en su esencia, entonces no cabe duda de que podrá equivocarse al corregirlo.

El pequeño profesor

En nuestro interior, siempre hay un pequeño profesor que dormita. Esta es una forma muy gráfica para definir nuestra propensión a dar lecciones y a dirigir a los demás. Por ejemplo, resulta muy útil para escribir un libro como este, para enseñar o para explicarle algo a alguien. El peligro de este tipo de función viene provocado por el sistematismo que podemos utilizar y, en consecuencia, del poder que éste nos otorga sobre los demás.

«Haz esto... no hagas aquello... di buenos días... da las gracias, etc.» En efecto, si no tenemos cuidado, el pequeño profesor enseguida se convierte en un ser autoritario, por no decir tiránico. «Yo sé, se sobreentiende que yo soy el que tiene razón, el que está en posesión de la verdad, y por ello debes hacer lo que te digo, se sobreentiende que tienes que hacer lo que te digo porque es lo mejor para ti.» La mayoría de nuestros vínculos se basan en este tipo de relaciones, así como en nuestro afán por dirigir a aquellos que nos rodean, incluso aunque nos parezca «natural» actuar así y, en el fondo, no tengamos ninguna intención de dirigirlos.

Así pues, si el pequeño profesor puede resultarnos muy útil en nuestro aprendizaje/enseñanzas cotidianas de la vida –ya que, aprendemos constantemente los unos de los otros– es indispensable que sepamos utilizarlo con *conciencia*. Es decir, que jamás perdamos de vista que aunque se trate de una preciosa fuente de enseñanzas, sobre todo representa el conjunto de las experiencias y de las creencias que hemos seleccionado y aceptado como verdaderas. Y si estas enseñanzas resultan ser ciertas para nosotros, no tienen porque serlo para todo el mundo. Esto es de lo único de lo que podemos estar seguros.

Puede establecerse una relación con la otra persona, basada en un intercambio de enseñanzas en la que, con el fin de forjarse nuevas creencias, cada cual escoge entre las informaciones que le son transmitidas. Pero el «saber personal» en ningún caso puede imponerse a los demás como una verdad universal. El compartir también puede ser considerado como algo extremadamente delicado y requiere un cierto discernimiento. Lo ideal sería que tanto el transmitir nuestros conocimientos, como el fruto de nuestras experiencias, consistiese en comunicar informaciones permitiendo que la otra persona pueda disponer de la libertad de aceptarlas, de modificarlas, de aprovechar tan sólo una parte de éstas, o incluso de rechazarlas en su totalidad. Si alguien te recomienda una receta de cocina, puedes seguirla al pie de la letra, eliminar o añadir algunos ingredientes o, simplemente, no tener ningún interés por probarla, aunque te aseguren que se trata de un plato muy fácil de preparar y que a todo el mundo le encanta.

Si no lo aprecias, ello se convierte en tu verdad y probablemente resultará muy difícil convencerte de lo contrario.

Por este motivo, el pequeño profesor resulta particularmente útil al «alumno» que quiere aprender, cuando está dispuesto a escuchar y a comprender. A menudo, el resto no son más que vanas inducciones; una pérdida de energía en los esfuerzos realizados a la hora de impartir estas enseñanzas y una verdadera fuente de malentendidos, de conflictos y de relaciones basadas en la fuerza.

El juez: nuestro espíritu crítico

Aunque no seamos conscientes de ello, nos pasamos la mayor parte de nuestras vidas criticando a los demás, su aspecto o su forma de vestir, su actitud, sus palabras... Estos juicios forman parte de la multitud de pensamientos que no dejan de atravesar nuestra mente y dependen del poder de nuestro ego y de la forma en qué nos dejamos dirigir por él. Cuanto más fuerte es el ego, más tendemos a criticar y más nos alejamos de nuestro ser profundo.

De hecho, la necesidad de criticar revela una importante falta de confianza en uno mismo que el ego, precisamente, intenta enmascarar gracias a estos juicios de valor. Por regla general, solemos juzgar a alguien por aspectos de su personalidad que conocemos muy bien. Los reconocemos porque ya nos hemos enfrentado a ellos, o bien porque reflejan algunas facetas de nuestro propio carácter que preferimos ignorar. Y el temor a ser juzgados por estos mismos «defectos» nos incita automáticamente a la crítica. Juzgar es una forma de autodefensa.

Sin embargo, es importante que sepamos diferenciar las críticas, los juicios procedentes de una proyección que hacemos sobre el otro (en relación con una actitud, una intención...) de aquellos que realizamos con respecto a los actos cometidos por una persona.

Toda la dificultad del juicio radica aquí. A veces es necesario reconocer y afirmar que una acción puede ser perjudicial, pero ello requiere que seamos capaces de denunciar una actuación sin condenar por ello a la persona que la haya cometido.

Juzgar procede del cerebro izquierdo. Le reprochamos algo a alguien; algo que efectivamente ha hecho.

Sin embargo, si consideramos la situación en su globalidad, no podemos pretender que esta persona sea *mala* porque haya actuado mal en una ocasión determinada. En efecto, ésta puede comportarse de forma muy distinta en otras circunstancias o con otras personas. O incluso, es posible que el objetivo que desea alcanzar, la finalidad de su actuación –o su evolución personal– puedan resultar perjudiciales para los demás sin que *verdaderamente* esta haya sido su intención.

Pero, aun en el caso de que realmente haya querido perjudicar a alguien, no podemos dar por sentado que sea mala. Es posible que esta persona no haya podido actuar de otra manera. Quizás sufra graves problemas sicológicos que requieran una ayuda terapéutica. Quizás haya actuado movida por un estado de cólera provocado por una situación determinada que no conocemos, o incluso es posible que lo haya hecho bajo la influencia del alcohol o de las drogas, etc. También puede pensar que está en todo su derecho de actuar así, aun a pesar de que ello pueda perjudicar a otra persona.

Lo que sugiero aquí no es encontrar «excusas» a aquellos que cometen actos reprobables –es necesario que estos seres se enfrenten a lo que han hecho– sino que comprendamos que los que son malos son sus actos, aunque sus autores no tengan porque serlo obligatoriamente. De hecho, resulta muy delicado juzgar a alguien si no poseemos una visión global de la situación en la que se encuentra en el momento en el que se comporta de forma dañina. Ya que, sea cual sea la gravedad de sus actos, ésta no tiene porque comprometer a la persona más que a este respecto. Está claro que incluso el peor de los criminales posee la facultad de actuar correctamente sin que por ello sea capaz de utilizarla. Y, según mi opinión, aquí es donde radica la importancia de la ayuda terapéutica.

En su libro, *L'homme réunifié*[3], Luc Bigé nos aporta una nueva luz sobre la visión del mal y de los juicios bajo una perspectiva cere-

---

3. Luc Bigé, *L'homme réunifié*, éd. Du Rocher, p. 174-175.

bro izquierdo/ cerebro derecho: «la cuestión ya no es juzgar un acontecimiento en función de la ley del todo de la que surge, *sino la de ver la cualidad oculta en el corazón de la apariencia*. Para el cerebro izquierdo, el mal, es infringir la ley; ser responsables, es pedir perdón y prometer que no volveremos a hacerlo. Para el cerebro derecho, el mal es una energía que no está siendo utilizada de forma correcta; ser responsables, es ver esto con el fin de que esta cualidad se convierta en algo útil para todos. Los jefes de la Mafia son culpables dado que infringen las leyes (cerebro izquierdo) y sin embargo son excelentes jefes de empresa que utilizan sus cualidades al servicio de la destrucción de la totalidad de la sociedad (cerebro derecho). La justicia intenta encarcelarlos para «castigarlos». Pero la represión se opone a la transformación. Pensar que, un día, esta última podrá ser impuesta por la ley social es un engaño, pues la lógica de la represión y la lógica de la transformación son antinómicas. Tan sólo un sujeto individualizado y responsable en *relación a sí mismo* puede decidir la transformación, que es el paso de una forma más fortuita a otra más útil para todos. La represión impide el «mal» momentáneamente; el logro de la transformación demuestra que éste era un trágico error de perspectiva.»

Lo que Luc Bigé define como un «error de perspectiva». Rosette Poletti lo llama «errar el blanco». En su libro *Dialogue de vie*[4], habla en los siguientes términos de un hombre que ha violado y matado: «tal vez ahora, en su cárcel, este hombre que ha cometido unos actos irreparables, sufre las consecuencias de lo que ha hecho. Quizás, en cierto contexto, este hombre haya «patinado» [...] Ha patinado y, seguramente, a lo largo del proceso, resultará interesante comprobar de qué forma ocurrió. Pero yo diría que, en el fondo de sí mismo, si profundizo un poco, hay un alma humana que posee un cierto valor pero que ha elegido un camino muy diferente del

---

4. Rosette Poletti & Roselyne Fayard, *Dialogue de vie*, éd. Jouvence, p. 79-80.

que podría haber escogido. Me interesó mucho leer en un artículo –ya que no comprendo el griego antiguo–, que la verdadera traducción de la palabra «pecado», que tanto se utiliza en nuestra civilización judeo-cristiana, es «errar el blanco». Pues bien, este hombre había «errado el blanco». Todo individuo posee una cierta inteligencia y puede convertirse en un hombre de bien, pero, a veces, lo que ocurre es que «no da en el blanco».

Los pensamientos parásitos

Los pensamientos parásitos son las malas hierbas que debemos arrancar con el fin de darles a las cualidades del cerebro derecho, tales como la de la intuición, una oportunidad de desarrollarse. Producidos por el cerebro izquierdo, estos pensamientos son innumerables y atraviesan nuestra mente constantemente si no tenemos cuidado. Puede tratarse de las frecuentes críticas que ya he mencionado anteriormente o de las inducciones negativas que nos hacemos regularmente: «no lo conseguiré... no puedo hacer nada... es demasiado bonito para mí... ¿por qué iba a confiar?... no estoy seguro... esto acaba conmigo... es demasiado caro para mí», etc. Todos estos pensamientos, a los que Dan Millman llama «pensamientos aleatorios», nos frenan en nuestros actos al mismo tiempo que entorpecen nuestra mente que, entonces, ya no podemos utilizar para unas programaciones positivas y expansivas. En efecto, para poder «llenarte», antes debes vaciarte. En este capítulo propondré algunos ejercicios para conseguirlo. Pero, por el momento, muéstrate atento a tus pensamientos. Obsérvalos en cualquier circunstancia, en particular, cuando establezcas un juicio o dudes de ti mismo. Es el primer paso para que estos vuelvan a molestarte cada vez menos.

En caso de que sea necesario, en el momento de emprender una acción, deberás anotar todo cuanto pase por tu cabeza; en una parte de la hoja, las inducciones negativas y, en la otra, los estímulos positivos. Si la lista de los pensamientos negativos es más larga que la otra –lo cual suele suceder con frecuencia al principio–, no te desanimes. Simplemente, limítate a constatar que tu mente está preocupada por el miedo al fracaso. Debes mostrarte consciente de éste y alegrarte por haberte dado cuenta de ello. Ahora, abandona estos pensamientos para concentrarte en los que te animan a llevar a cabo tu actuación. Felicítate por tener unos pensamientos así. Busca qué otras cualidades –confianza en ti mismo, perseverancia....– pueden alargar la lista de las inducciones positivas o, incluso, intenta buscar la forma de sustituir los pensamientos que te limitan por pensamientos que te mantengan en un estado de ánimo de éxito.

En otras palabras, encuentra una solución para vencer cada uno de los obstáculos que se interpongan en tu camino. Hacer esto te permitirá ocupar tu mente de una forma diferente, empezando por dejar a un lado los antiguos miedos.

Y cuanto menos crédito e importancia les des, más los desdramatizarás y con más facilidad llegarás a desactivarlos.

Así, poco a poco, prestarás menos atención a estos pensamientos parásitos y los alejarás progresivamente.

Intuición y primeras impresiones (opiniones a priori y prejuicios)

Una primera impresión puede limitarnos tanto como un juicio. Tenemos este tipo de pensamientos antes de llegar a conocer verdaderamente una situación o a una persona y pueden inducirnos a error cuando intentamos escuchar nuestra intuición.

Una primera impresión puede proceder de un mensaje intuitivo y resultar acertada, pero también puede reflejar un mensaje de nuestra mente y, entonces, a priori, convertirse en un prejuicio; un prejuicio que a menudo suele enmascarar un miedo. Dado el carácter espontáneo del mensaje, podemos confundirla con una intuición y es precisamente a esto a lo que debemos mostrarnos atentos. A menudo, cuando conocemos a alguien, solemos hablar de una primera impresión. De una forma repentina, y ante cualquier encuentro, recibimos toda una serie de mensajes de atracción o de rechazo, a menudo fulgurantes. La persona puede inspirarnos confianza o no, y podemos sentirnos o no a gusto con ella.

Para diferenciar intuiciones y opiniones a priori, puedes apuntar tus primeras impresiones cada vez que conozcas a alguien, sea cual sea la importancia que puedas darle. De esta forma, después podrás verificar si tu primera impresión fue la acertada —en cuyo caso, tu intuición te habrá guiado bien— o no. De no ser así, intenta buscar las razones que te han inducido al error. Observarás que, la mayor parte del tiempo, ha sido el miedo, la ilusión y/o los prejuicios los que te han hecho cometer el error.

Ejercicios

HACER CALLAR A LA MENTE / CREAR UN VACÍO

Fijarse en un punto: sitúate cómodamente, relájate y respira profundamente varias veces. Cierra los ojos. También puedes taparte los ojos con un pañuelo de forma que te encuentres totalmente a oscuras. Ahora, en este rectángulo negro, visualiza un punto luminoso del color que elijas y fíjate en él intensamente. No pienses en nada, tan sólo en ese punto que puede ser fijo o móvil. Si algún pensamiento cruza por tu mente, es porque disminuye tu atención y te olvidas del punto luminoso. Vuelve a fijarte en él con más atención cada vez que tomes conciencia de que un pensamiento atraviesa tu mente.

La gran tela: siempre con los ojos cerrados, imagínate ahora una gran tela o una gran pantalla, como la de un cine, y del color que elijas. Escribe o pinta alguna cosa en la tela. Concéntrate en los colores o en las letras. Si algunos pensamientos cruzan por tu mente, no les des ninguna importancia, déjalos que desfilen sobre la tela. Después, escribe una palabra con letras mayúsculas, por ejemplo, *paz, tranquilidad, amor, sosiego, océano,* o cualquier otra palabra de tu elección que te proporcione una sensación de sosiego y de bienestar, o que simplemente te permita tener cada vez menos pensamientos aleatorios. Si dejas la mente en blanco, los mensajes de la mente serán cada vez menos numerosos y gozarás de una mayor disponibilidad para recibir intuiciones o para hacer programaciones positivas.

Cómo diferenciar los mensajes de la intuición de los de la mente

Cada vez que te hagas una pregunta, anota la primera respuesta que aparezca espontáneamente en tu mente (o todas las respuestas en el caso de que hayan varias, incluso aunque éstas sean contradictorias). Puede tratarse simplemente de un sí o de un no, o incluso de un sí o de un no porque... No olvides que cada vez que justificas una respuesta por medio de una explicación, en la mayoría de los casos se trata de un mensaje de la mente. De hecho, a partir del momento en el que razonas, no puede haber intuición. En cualquier caso, anota tus respuestas, sean las que sean. Practica este ejercicio con regularidad. Guarda un diario de mensajes y apunta las fechas. Observa los resultados obtenidos en tu vida cotidiana y anótalos. Frente a los mensajes que han resultado ser ciertos, escribe en qué fecha lo has podido constatar y, frente a los que han resultado ser erróneos, el porqué, de acuerdo con tu opinión, has recibido este tipo de mensajes y a qué miedos o creencias corresponden.

Poco a poco, irás observando que el número de mensajes acertados es cada vez mayor que el número de mensajes erróneos. Se distinguirán claramente. Así aprenderás progresivamente a reconocerlos.

Intuición e ilusión

Lo que puede engañarnos en la interpretación de los mensajes intuitivos

El miedo y los pensamientos limitadores pueden inducirnos a error, tal y como ya hemos visto con anterioridad. Pero también un exceso de entusiasmo. Aunque, seguramente, pensarás que el entusiasmo refleja más bien un temperamento alegre, dinámico y... dirigido hacia lo positivo. Es cierto. Sin embargo, un entusiasmo excesivo, ante todo, refleja un exceso y una agitación más o menos controlada de la mente. Por lo tanto, el exceso tampoco permite que puedas recibir tus intuiciones con tranquilidad ya que la emoción que suscita, incluso en el caso de la alegría, con frecuencia suele acercarse más al estrés que a la emoción perfecta. La emoción perfecta debe ser un estado de una tranquila certidumbre y no de excitación. Algunos acontecimientos particularmente generadores de grandes alegrías –un encuentro amoroso, una boda, un nacimiento, una importante ganancia económica, la compra de una casa, etc.– a menudo suelen poseer el efecto de una bomba en nuestro cuerpo emocional y pueden tener unas consecuencias devastadoras en nuestro estado general.

En una situación de estrés por una gran alegría, no es extraño que reaccionemos de una forma totalmente desordenada y que no tengamos las ideas muy claras. Nuestro cuerpo y nuestra mente se encuentran en un estado de efervescencia y dominados por mil y una sensaciones. No estamos en un estado de «conciencia» con respecto a nuestra realidad, sino en un estado de ilusión, de sueño, de proyección. Nuestra percepción de la realidad se ha visto alterada. En este caso, debemos multiplicar nuestra atención con respecto a los pensamientos que atraviesan nuestra mente puesto que, la mayoría de las veces, estos no suelen ser neutros.

Sin embargo, la intuición es neutra. No debe provocar ninguna agitación interior, ni una emoción incontrolada. Un mensaje intuitivo nos llega sin que se manifieste ningún sentimiento en particular.

Intuición y deseo

Cuando dos personas se encuentran y experimentan una fuerte atracción mutua de forma inmediata, pueden pensar que su intuición acaba de hacerles una señal o de comunicarles una información de suma importancia: «Tengo algo que vivir con esta persona...

Es el hombre o la mujer de mi vida...» Sin embargo, lo que acaban de experimentar puede proceder simplemente de un deseo físico o del deseo de vivir un encuentro «mágico». Pero también es posible que su intuición les haya transmitido un mensaje, una «primera impresión» que siga el mismo camino que su deseo.

Por el contrario, si les envía un mensaje de aviso o de prevención, pocas veces lo percibirán, puesto que se hallan obnubilados por la intensa atracción que experimentan. Sin embargo, pasan a registrarlo de forma inconsciente y es posible que, más adelante, lo recuerden, sobre todo si al final esta relación no dura. En otras palabras, cuando sean capaces de separar la pasión de la relación, es decir, de mostrarse más neutrales y percibirla con más globalidad. Un deseo demasiado poderoso impide «ver claro». Aquí, nos encontramos con el mismo proceso mental que con la voluntad. Demasiada voluntad frena la acción, demasiado deseo frena la percepción.

También en este caso, será con la práctica como llegaremos a disociar deseo e intuición o a «escuchar» el mensaje intuitivo, incluso aunque nos sintamos animados por un fuerte deseo.

Reconocerás el mensaje intuitivo por su neutralidad. Te proporcionará una información desprovista de emoción, casi «fría». Deliberadamente, he escogido un ejemplo en el que la manifestación del deseo se manifiesta con fuerza tal y como ocurría en el caso del flechazo. Resulta evidente que el deseo se puede expresar de muchas otras formas y que se halla presente en la mayoría de nuestros actos y de nuestras decisiones. También es importante que sepamos diferenciar los deseos prioritarios del resto y que observemos en qué momentos nos animan. En nuestra realización personal, el deseo profundo es un motor. El deseo profundo es como una respiración profunda. Tiene que llenarnos por completo, sin incomodar por ello nuestro funcionamiento general. Nos dirige y, al mismo tiempo, nosotros también lo dirigimos a él. No debe ser el elemento perturbador que acelera el motor. El deseo profundo es una fuerza tranquila. No se debilita con el tiempo sino que, por el contrario, nos permite perseverar y seguir confiando en nuestros proyectos. El deseo superficial es como un pensamiento aleatorio.

Atasca el motor y puede hacernos ir en todos los sentidos, desviándonos de nuestros objetivos para incitarnos a satisfacer el primer antojo que nos pase por la cabeza. Nos empuja a actuar a «corto plazo». Por supuesto, si lo escuchamos, es el que hace que nos interrumpamos a mitad de una realización que nos interesa en particular. Podemos escuchar y satisfacer este tipo de deseo con la condición de que seamos conscientes de que no es prioritario. A menudo nos dejamos llevar por nuestros deseos, sin distinción. De esta forma, cuando recibimos simultáneamente una intuición y un mensaje procedente de un deseo superficial, con frecuencia preferimos seguir el mensaje de nuestro deseo, sobre todo si nos resulta más agradable o más fácil, en lugar de escuchar el mensaje intuitivo. Para ayudarte a poder distinguir estos dos tipos de deseos, no dudes en hacer una lista con los que consideras como tus deseos profundos, prioritarios —aquellos que te comprometen en un proyecto de vida o en una conducta que te parece justa— y otra con tus deseos superficiales, aquellos de los que en definitiva, podrías pasar sin problemas, aunque a veces puedan ser considerados como pausas recreativas. Si tienes la necesidad de una pausa, no experimentes ningún remordimiento por tomártela. En el momento en el que te has decidido a hacerla es porque te resulta útil. En cuanto a lo que a mi concierne, dedico la mayor parte de mi tiempo libre a la escritura. Para mí es una actividad prioritaria y no me permito salir ni divertirme más que con moderación. Sin embargo, a veces cambio de programa repentinamente y me doy cuenta de que se trata de una liberación extremadamente benéfica con respecto a mi horario, a menudo excesivamente riguroso. Y, entonces, aprecio todas las ventajas.

Una vez más se trata de una cuestión de dosificación. Si sigues un régimen para adelgazar y un día, excepcionalmente, sucumbes a la tentación de comerte un pastel de chocolate y lo saboreas sin sentirte culpable, es porque esta alteración en el programa seguramente era necesaria para que no te obsesiones con el régimen y puedas seguirlo mejor. Pero, si por el contrario, cada día "sucumbes" a una tentación, es porque tu deseo de hacer régimen no es lo suficientemente fuerte como para resistirte a las demás tentaciones. Aprovecha entonces para volver a definir tus objetivos. Los deseos superficiales y los pensamientos aleatorios te permiten comprender mejor cómo funcionas, qué prioridades das a tu vida y en qué momentos o circunstancias son más fuertes que tú.

Pon notas a tus deseos, de acuerdo con su intensidad y con la forma en la que reaccionas cuando se manifiestan.

Esto te ayudará a medir la importancia que les das. Este trabajo sobre el deseo permitirá que puedas darte cuenta con más facilidad si el mensaje que recibes procede de tu intuición o si emana de un deseo que anhelas ver cumplido.

Intuición y proyección

Un deseo que anhelamos verse cumplido a menudo suele traducirse en una proyección mental. Esto muy bien puede ocurrir con la programación de un objetivo. En nuestra imaginación proyectamos el objetivo que deseamos alcanzar.

En cambio, cuando se trata de recibir intuiciones con respecto a una situación en la que deseamos que las cosas se lleven a cabo de una forma determinada, nuestros deseos y nuestras proyecciones pueden falsear nuestra interpretación del mensaje intuitivo o incluso impedir que podamos escucharlo. Si interrogamos a nuestra intuición para saber si debemos o no contactar con alguien que nos resulta muy querido y el deseo de volver a ver a esta persona prevalece, probablemente no escucharemos el mensaje intuitivo. Escucharemos el de nuestro deseo, pues responderá a aquello que queremos vivir. Entonces nos resultará más fácil convencernos de que debemos volver a ver a esta persona, incluso aunque hayamos podido escuchar vagamente una vocecita diciéndonos «no, ahora no es el momento». Por supuesto, nuestra vocecita interior también puede respondernos «sí, es lo que debes hacer». Pero, en este caso, el mensaje nos llegará con una tranquila certeza. No nos sentiremos acosados por pensamientos contradictorios, ni por emociones turbadoras. Lo recibiremos con total serenidad. En esta fase, resulta fundamental que sepamos diferenciarlos, puesto que con frecuencia, suelen ser nuestros miedos y deseos los que nos alejan de nuestra intuición.

Capítulo 4

Las dependencias

Las dependencias a las creencias

«Un día, durante un viaje, un hombre llegó accidentalmente al paraíso. En el Edén hay muchos árboles de los deseos: basta con sentarse bajo uno de estos árboles y formular un deseo para ver cómo éste se realiza en el acto. El viajero, agotado, se durmió bajo un árbol de los deseos. A la mañana siguiente, cuando se despertó, se dijo a sí mismo:

–*Tengo hambre, tendría que encontrar algo para comer.*

Y de repente, toda una serie de apetitosos manjares se materializaron ante él.

Estaba tan hambriento que no prestó ninguna atención al aspecto milagroso del acontecimiento. Un estómago vacío no pierde el tiempo con filosofías. Una vez saciado su apetito, el viajero tuvo ganas de otra cosa:

–*¿Dónde podré* apagar mi *sed?* –se preguntó a sí mismo mirando a su alrededor.

Al no estarle nada prohibido al cielo, los mejores vinos aparecieron ante el sorprendido hombre. Se acomodó bajo la sombra del árbol y degustó las mejores cosechas del paraíso, saboreando la frescura de la brisa, mientras se hacía algunas preguntas:

—*¿Qué es lo que pasa aquí? ¿Estoy soñando? ¿Acaso hay fantasmas por aquí dispuestos a jugarme una mala pasada?*

Unos horribles espectros se precipitaron sobre él. Totalmente aterrorizado, el pobre hombre gritó:

—*¡Van a matarme!*

Y le mataron.

Esta parábola está cargada de sentido. Tu mente es el árbol de los deseos. Lo que piensas te llegará tarde o temprano. A veces, el intervalo es tan largo que incluso es posible que hayas olvidado que habías formulado tal o tal deseo. El origen del acontecimiento ha surgido de tu memoria. Si prestas atención, te darás cuenta de que tus pensamientos son los que provocan tu estado de ánimo, así como lo que estás viviendo en esos momentos. Son los que crean tus infiernos y tus paraísos, tus penas y alegrías, todo lo positivo y lo negativo que pueda haber en tu vida. Cada ser humano es como un mago que teje un capullo de sortilegios del que es prisionero. Nadie le tortura, él es su propio verdugo.

Tú eres el único responsable de tu vida. En cuanto hayas comprendido esto, las cosas cambiarán, porque entonces podrás transformar tu infierno en un paraíso, al igual que el artista que puede pintar un mismo paisaje, pero tomado bajo un ángulo diferente».[1]

Las limitaciones del pasado y de las creencias almacenadas

Nuestra vida, nuestro sistema de pensamiento y nuestros valores están fundados en nuestras creencias, en el conjunto de las infor-

---

1. Osho Rajneesh, *Tarot de Rajneesh*, éd. Le Voyage Intérieur, p. 43.

maciones que hemos recogido y acumulado durante el transcurso de los años y elegido conservar como referencia. El niño aprende muy pronto un cierto número de reglas que se manifiestan por medio de los deberes del colegio o de los deberes morales con respecto a sus padres y a otras personas. Él las convertirá en suyas o las rechazará pero, normalmente, se inspirará en ellas para establecer sus propias reglas. Por fuerza, su comportamiento se verá impregnado de lo que haya podido aprender y vivir o, mejor dicho, de lo que haya elegido retener consciente o inconscientemente, así como de la educación y de las enseñanzas que haya podido recibir.

Su personalidad –su comportamiento emocional, social...– empezará a forjarse sobre estas primeras «bases». Pero como la personalidad está en continua evolución, podrá ampliarse y transformarse durante el transcurso de los años en función de las nuevas informaciones y de las experiencias que se irán añadiendo a las anteriores y que el adolescente, y después el adulto, integrará como verdades, como reglas, pues se habrán convertido en sus creencias.

No obstante, nuestras creencias pueden cambiar, al igual que nuestros gustos. Esto es algo muy fácil de constatar en cuanto a lo que concierne a nuestros hábitos alimentarios. De niña, e incluso de adolescente, no soportaba la leche, ni su sabor ni su aspecto cremoso.

Más tarde, cuando estuve viviendo en Estados Unidos, donde la leche acompaña todas las comidas, decidí volverla a probar porque me encantaba tomar cereales por las mañanas. Poniendo azúcar en la leche y añadiéndole los cereales, me empezó a gustar. Sin embargo, durante años, en mi mente, había grabado una y otra vez el rechazo hacia la leche. Bastó con el hecho de que un día viese a alguien comer cereales con leche para que encontrase la leche apetecible y para que me «descondicionase» del rechazo que me inspiraba, así como de la creencia de que podía enfermar si me la bebía.

Funcionamos de la misma forma con respecto a cualquiera de nuestras creencias ya que, la mayoría de las veces, nuestras creencias suelen ser empíricas. Cuanto más se repiten los acontecimientos o las actitudes, más los vivimos como algo adquirido y consideramos que son parte integrante de nuestra vida o de nuestra personalidad.

Por ejemplo, alguien que nunca ha sido bueno en ortografía no llegará a desarrollar unas cualidades o un interés por esta materia si sigue haciendo faltas de ortografía. Por regla general, la repetición de las faltas le desanima y le impide perseverar, manteniéndole en la creencia de que no está dotado para la ortografía y de que jamás podrá progresar en este ámbito por muchos esfuerzos que haga para mejorar. Si persiste con esta actitud, dejará de evolucionar en esta materia y la mayoría de las veces acabará por perder todo interés en ella. Sin embargo, es posible que no sea bueno en ortografía por otras muchas razones. Quizás, simplemente, cuando empezó a ir al colegio, todavía no estuviese preparado para aprender. Tal vez vivía en un ambiente familiar algo complicado y que no le permitía concentrarse lo suficiente en sus tareas escolares...

Sea como sea, siempre es posible volver a reanudar los estudios en cualquier momento de nuestras vidas. Y por regla general, cuando esto sucede, nuestra motivación es tal que, normalmente, siempre solemos tener éxito en aquello que, unos años atrás, jamás nos hubiesemos considerado capaces de llevar a cabo.

Sin duda, esto se debe a que estamos preparados. Y, sobre todo, a que lo hemos decidido. Nuestras creencias nos limitan hasta el momento en el que nos decidimos a replantearlas.

Ego: El Yo superficial y el Yo verdadero

Nuestro ego —nuestro Yo pensante y consciente— representa la idea que nos hacemos de nosotros mismos, es decir, del conjunto de creencias que mantenemos con respecto a nosotros. Por regla general, suele erigirse en maestro hasta que nos decidimos a replanteárnoslo de forma profunda y radical.

Esta representación de nosotros mismos que la mayoría de las veces solemos llamar nuestra «personalidad», nuestra «naturaleza», probablemente no sea más que un pálido reflejo de nuestro Yo verdadero cuando éste no se opone totalmente.

Esta es toda la diferencia entre parecer y ser. Es como si nuestra vida, mientras no somos conscientes, fuese una obra de teatro en la que nuestro ego desempeñase el papel principal, el elemento más visible, mientras que nuestra vida interior, la más auténtica, quedara en un segundo plano. Entonces, el yo consciente que conocemos, el ego, sería nuestro Yo «superficial» y el yo profundo nuestro Yo «verdadero».

Jung utilizó el término *persona* para hablar de esta representación superficial del Yo. En su libro *N'y a-t-il pas d'amour heureux?*[2], Guy Corneau desarrolla esta idea en estos términos: «La máscara que llevamos al estar en sociedad en cuanto nos encontramos ante la presencia de alguien, constituye nuestra *persona*. [...] Este término designaba la máscara que llevaba el actor para que su voz sonase mejor (*per sonare*) en el anfiteatro. Así pues, la *persona* es como un puente hacia los demás. Consiste en una medida de adaptación entre nuestro yo verdadero y la sociedad. La *persona* es esencial, sirve para la vida en sociedad y para el control de los impulsos, pero un ser no debe identificarse hasta el punto de llegar a pensar que toda su individualidad se encuentra allí representada».

Nuestro ego representaría una especie de comedia de la vida en la que creemos y en la que nos apoyamos en cualquier circunstancia. Mientras nuestros ojos no miren desde el interior, mientras no desarrollemos más nuestro cerebro derecho, nuestras intuiciones y nuestra capacidad para crear nuestra propia vida, tan sólo creeremos ser nuestro Yo superficial.

Sin embargo, somos mucho más que eso. Y a través de una sucesión de tomas de conciencia, primero lograremos imaginar y, des-

---

2. Guy Corneau, *N'y a-t-il pas d'amour heureux?*, Éd. Robert Laffont, nota 1, p. 61.

pués, percibir e integrar el potencial de perfección que nos pertenece. Para conseguirlo, podemos empezar por vernos vivir, como espectadores, aceptando que estamos en el teatro y que observamos nuestros actos y nuestros propósitos como si fuese otro el que estuviese actuando y hablando en nuestro lugar (más adelante, en este mismo capítulo, veremos un ejercicio relacionado con esto).

Esto nos permite conservar la distancia necesaria con nosotros mismos, de considerarnos con menos seriedad y desdramatizar aquello que nos ocurre, al mismo tiempo que nos revela ciertos rasgos de nuestro carácter que, evidentemente, hemos ido construyendo paso a paso, la mayoría de las veces para protegernos de los juicios de los demás. En efecto, hemos creado nuestro Yo superficial a partir de los valores que hemos adquirido y en función de lo que nosotros consideramos que está *bien* que hagamos para que nos quieran y nos aprecien.

Lo hemos construido como una protección, como un escudo para defendernos de los demás. Pero, de hecho, se trata sobre todo de un escudo y de una armadura que actúa contra nosotros mismos. Hace que nos evitemos a nosotros mismos, a nuestros orígenes. Nos oculta nuestras aspiraciones más profundas y lo que somos realmente.

La dramatización o la tendencia a asustarnos

Dramatizamos cada vez que nos tomamos los acontecimientos de la vida demasiado en serio y nuestro Yo superficial «exagera» su personaje. Por ejemplo, cuando anticipamos un acontecimiento imaginándonos lo peor, a menudo suele ocurrir porque uno de los elementos de la situación es diferente a lo que esperábamos vivir y no está incluido en nuestros puntos de referencia habituales, escapando así a la lógica en la que normalmente nos basamos. De esta forma, un acontecimiento de apariencia anodina –esperar a alguien que se retrasa, por ejemplo– puede adquirir unas proporciones exageradas (temor a un posible accidente, miedo al abandono, etc.)

pasando por todos los matices de la ansiedad, hasta que una verdadera angustia se apodera de nosotros. Exageramos nuestras reacciones porque hemos construido nuestro Yo superficial de acuerdo con unas reglas muy precisas. Ya nos hemos fijado unos límites y establecido una escala de valores sobre lo que está bien o lo que está mal que hagamos, así como a partir de qué grado podemos considerar un acontecimiento como grave.

Sin duda, esto se debe a que no sabemos diferenciar nuestro Yo superficial de nuestro Yo verdadero –o que, simplemente, no conocemos su existencia–, que no mantenemos las distancias necesarias con nuestro Yo superficial y no nos damos cuenta de que estamos *representando* un papel. Entonces, con frecuencia, tendemos a observar ciertas situaciones con lupa –aumentando o deformando los acontecimientos– y a formarnos ideas sobre las cosas y las personas, o incluso sobre nosotros mismos. De esta forma, tendemos a dramatizar más las cosas y a tomarnos nuestro Yo superficial todavía más en serio. El peligro de esta actitud radica en que nos aleja de nuestro Yo verdadero dejando que el miedo y cualquier otro pensamiento limitador pueda más que la confianza.

La justificación

Otra característica de la manifestación del ego y del poder de la mente sobre el Yo superficial es la de la necesidad de justificarnos. Si exceptuamos las situaciones en las que las explicaciones son indispensables –«me he quemado porque he apoyado la mano en la placa de la cocina», «mi impresora no funciona porque le falta tinta»–, realmente, nos damos cuenta de que nos justificamos cada vez que decimos «porque». Es una capa de protección suplementaria frente al mundo exterior y, una vez más, también con respecto a nosotros mismos. Sería interesante que observásemos cuántas veces nos justificamos con un «porque» durante el transcurso del día. De hecho, cada vez que lo hacemos, ello nos demuestra hasta qué punto nos negamos a aceptar las observaciones que nos hacen los demás.

En efecto, cuando te recriminan que no has hecho correctamente aquello que te han pedido, es muy poco probable que intentes arreglar esta diferencia diciendo que no es culpa tuya, sea cual sea la razón alegada, incluso aunque te parezca justa. En la mayoría de los casos, esta respuesta no satisfará a tu interlocutor. Justificarse significa, ante todo, dar toda una serie de razones para librarnos de nuestras responsabilidades. Sin embargo, está muy bien que seamos capaces de reconocer nuestras responsabilidades y esto es precisamente de lo que se trata. aquí.

Así pues, si aceptas el hecho de haber fallado en lugar de intentar explicar por qué no has podido hacer aquello que te han pedido –lo que además, será percibido sin duda como una actitud mucho más honesta–, podrás considerar este fracaso como una oportunidad para recapacitar sobre ello y poder hacerlo mejor la próxima vez. Ganarás por partida doble, ya que habrás aceptado tu responsabilidad y, al mismo tiempo, habrás dado un paso más hacia tu verdadero Yo.

También puede suceder que hayas cumplido perfectamente aquello que te han pedido y que las observaciones de tu interlocutor resulten totalmente inapropiadas. En este caso, el justificarte todavía resultará más ineficaz y tan sólo empeorará las cosas, pues es evidente que el problema que hay entre vosotros no tiene nada que ver con esto. Probablemente el problema tenga que ver con vuestra relación y deba solucionarse sin recurrir a los argumentos de la mente.

Lo mismo ocurre cuando intentamos justificar nuestro comportamiento. Una actitud de cólera, por ejemplo, puede tener lugar como reacción ante ciertas situaciones. Sin embargo, sea cual sea la razón, ¿realmente podemos justificarla? La cólera es un exceso de energía mal dirigida. No soluciona nada que digamos: «me he puesto furioso» o «no he podido controlar mi cólera porque en estos momentos tengo muchos problemas, estoy muy cansado, tengo los nervios a flor de piel... y esta situación me ha afectado particularmente». En nuestro fuero interno, si estamos dispuestos a admitirlo, sabemos perfectamente que nos hemos puesto furiosos simplemente porque necesitábamos explotar y aliviar nuestra tensión. Aceptémoslo. Reconozcamos que a veces podemos estar expuestos a la cólera sin necesidad de encontrar excusas. Aceptándola, empezaremos a comprender cómo modificar este tipo de comportamiento, cómo identificar un acceso de cólera y conseguiremos que se nos pase sanamente, sin hacérselo pagar a nadie.

Justificarse es una dependencia muy arraigada. Es una reacción condicionada que siempre hemos conocido ya que, con frecuencia, nos han educado en este sentido. Desprendernos de este condicionamiento implica tener fe en nosotros mismos y aceptar nuestra responsabilidad sin temer los juicios de los demás y sin culpabilizarnos.

Las dependencias a los miedos

El miedo suele ser el origen de muchas de nuestras limitaciones, por no decir de todas. Es el principal obstáculo que se interpone a nuestra intuición. Mientras dejemos que siga frenando nuestros propósitos, no podremos acercarnos a nuestra intuición ni estar pendientes de ella.

El origen de la mayoría de nuestros miedos procede de las experiencias del pasado. Las hemos integrado y se han convertido en creencias. Siempre que no conseguimos resolver un problema, dejamos que nos asalten las dudas sobre nuestra capacidad para solucionarlo. Esta duda también puede transformarse en miedo; en el miedo de no conseguirlo jamás, sobre todo si la situación se repite y no nos sentimos más capacitados para resolverla de lo que pudiéramos sentirnos en el pasado. De hecho, podemos programarnos para el fracaso –inconscientemente, por supuesto– simplemente a partir del recuerdo de un fracaso anterior, cuya consecuencia puede hacer que la situación esté prácticamente condenada al fracaso.

Diferenciar los miedos «artificiales» de los miedos «naturales»

El miedo no debería impedirnos reaccionar. Simplemente debería permitirnos tomar conciencia de aquello que nos limita con el fin de superarlo.

Sin embargo, si hablar en público te aterroriza hasta el punto de hacer que te sientas incapaz de pronunciar ni una sola palabra, sin duda no bastará con que intentes convencerte de que no hay ningún motivo para que el miedo pueda llegar a bloquearte hasta este extremo y acto seguido empieces a hablar en público. No obstante, puedes utilizar lo que te ha enseñado este miedo para aumentar la confianza en ti mismo, mediante la ayuda de ejercicios de relajación y de visualización, siguiendo algún curso de teatro o de comunicación, o incluso con un terapeuta. Este tipo de miedo es «artificial». Esto no significa que no sea real, por supuesto que lo es. Es artificial porque lo hemos creado, le hemos dado crédito en algún momento de nuestras vidas. Este miedo a hablar en público no indica ningún peligro en particular. No es una señal de alarma. Se ha convertido en un miedo porque le hemos permitido existir, le hemos dado este poder.

Para comprender el impacto que puede llegar a provocar el miedo artificial sobre nuestra capacidad para recibir las intuiciones, Nancy Rosanoff nos ofrece un ejemplo muy claro, el del miedo a subirse a un avión. «Si siempre tienes miedo de subirte a un avión, nunca sabrás si tu intuición te dice si existe algún peligro o no. Automáticamente, obtendrás siempre la misma respuesta "es más prudente que no cojas el avión".»[3]

---

3. «*If you are always afraid of flying, you will never know when your Intuition is telling you not to fly, and when flying is OK. You have an automatic response of «No, it is not safe*», Nancy Rosanoff, op. cit., p. 58-59 *(traducción de la autora).*

Los miedos artificiales permiten que nos conozcamos mejor y que podamos observar las reacciones condicionadas que solemos tener en algunas circunstancias. Por supuesto, existen algunas situaciones en las que, potencialmente, podemos estar en peligro; cruzar la calle cuando está punto de pasar un coche, quedarnos encerrados en un ascensor o acercarnos a un perro «peligroso»... Entonces, la reacción de miedo parece más natural, más legítima. Esto no significa que, *obligatoriamente*, en tales circunstancias, debamos sentir miedo o pánico, sino más bien que somos conscientes del peligro que podemos correr y que somos capaces de reaccionar gracias a nuestra confianza y al dominio sobre nosotros mismos.

Los miedos naturales no nos impiden escuchar las posibles advertencias de nuestra intuición. Por el contrario, debemos aprender a reconocer nuestros miedos artificiales y a familiarizarnos con ellos con el fin de desactivarlos y conseguir que nuestra intuición pueda expresarse.

El miedo a los juicios

Algunas personas tienen dificultades a la hora de expresarse o de comunicarse debido al miedo a ser juzgados por los demás. Y cuanto más tiende a interiorizar su actitud la persona, más aumenta la falta de confianza en sí misma, pudiendo incluso llegar a inhibirse.

Aquellos que temen el juicio de los demás, normalmente tienden a juzgarse severamente a sí mismos y a culpabilizarse cuando se equivocan o creen que se han equivocado. Sin embargo, desarrollar la intuición requiere una gran dosis de confianza en nosotros mismos.

Y el miedo a cometer un error, a fracasar en un proyecto destruye la confianza. Por consiguiente, la primera etapa será la de cultivar la confianza. Aquí, una vez más, resultará interesante que observemos y cataloguemos –con el fin de identificarlos– los juicios que, la mayoría de las veces, se repiten de forma creciente o decreciente en importancia. También deberemos observar cuáles son nuestros sentimientos al evocarlos y, llegado el caso, por qué nos producen este sufrimiento. No debemos olvidar que nuestra forma de reaccionar viene provocada por el concepto que podamos tener de nosotros mismos –de la imagen que nos hemos creado– y que es nuestra mente la que nos incita a darles valor a estas opiniones preestablecidas. Estos juicios no somos nosotros, no son más que una imagen entre las muchas que poseemos. Son una creencia entre todas las creencias que mantenemos. Siempre tenemos la oportunidad de sustituirlas y de elegir otras más positivas. También podemos considerar estos juicios como un instrumento de evolución y de toma de conciencia y utilizarlos para aprender a ver los obstáculos que crea nuestra mente.

En el momento en el que nos damos cuenta de ellos, empezamos a hacerlos desaparecer.

El miedo al fracaso

Con frecuencia, el miedo a no lograr algo se halla estrechamente relacionado con nuestros anteriores fracasos, así como con la forma en la que los hemos vivido. Si piensas que fracasar en algo significa que no eres capaz de tener éxito, te estarás creando un juicio de valores que podría llegar a dificultar tus futuros proyectos. Aquí, de nuevo, el miedo a no lograr el éxito revela una falta de confianza en uno mismo. Sin embargo, un fracaso siempre nos indica nuestros errores, así como aquello que nos limitaba y nos bloqueaba. Es una importante fuente de informaciones, rica en enseñanzas que permiten evolucionar a todos aquellos que las comprenden y aceptan su lección. El hecho de darte cuenta de todo lo que puede aportarte un fracaso, debería hacerte sentir orgulloso. No los temas, los fracasos, simplemente, te indican que estabas siguiendo un camino equivocado. De hecho, también puede ocurrir que te hayas propuesto alcanzar un objetivo y que, en realidad, éste no te convenga; seguir unos estudios determinados, cambiar de trabajo, mudarte de casa, etc. Haber fracasado en algunos de estos proyectos tan sólo puede significar que todavía no estabas preparado para hacerles frente o que, en el fondo de ti mismo, no deseabas alcanzarlos. Tal vez tu mente te haya sugerido que alcanzar un determinado objetivo podría ser bueno para ti, mientras que, por el contrario, tu Yo verdadero no lo deseaba profundamente. Si estás dispuesto a considerarlos bajo este prisma, los fracasos pueden resultarte muy útiles.

El miedo a lo desconocido y al riesgo

A partir del momento en el que nos decidimos a escuchar nuestra intuición y a confiar en ella, también corremos el riesgo de seguirla y de sentirnos forzados a tener que realizar una elección que a veces puede llegar a preocuparnos si implica cambios importantes en nuestras vidas.

Hace algunos años, cuando me establecí en Quebec, ya hacía muchos meses que repartía mi estancia entre Francia y este país. Cuando tomé esta decisión, le hice caso a mi intuición. Sin embargo, ya no me quedaba más dinero y mi permiso de residencia expiraba al mismo tiempo que mi billete de vuelta.

De todas formas estaba completamente convencida de que debía quedarme y de que ya encontraría alguna solución. No recuerdo haber pasado miedo, a excepción del día en el que mi billete de avión dejó de ser válido. No es que pasase demasiado miedo, pero no pude evitar el dejar de pensar en ello.

Jamás me arrepentí de haber tomado esta decisión y pasé muy buenos años en Quebec. Sin embargo, en realidad, esta fue la única vez en toda mi vida en la que asumí un riesgo así.

Antes, jamás me había lanzado a la aventura de esta forma. Quedándome, no tenía ninguna seguridad de lo que podría pasar. Verdaderamente, no estaba en terreno desconocido, el país me era muy familiar, pero no tenía permiso de trabajo y no había nada que pudiera hacerme presagiar lo que iba a suceder a continuación. pero, ¿qué es lo que había arriesgado en el fondo? ¿Encontrarme sin dinero y sin billete de vuelta? Dos problemas que, sin duda alguna, hubiese conseguido solucionar.

Nuestra intuición no siempre implica unas elecciones tan radicales, pero puede incitarnos a realizar cambios muy profundos. Por ejemplo, cambiar de trabajo en esta época en la que hay tanto paro puede parecernos una aventura muy poco segura. En este caso, es posible que dudemos en seguir nuestra intuición por miedo a lo desconocido. Sin embargo, lo desconocido no es más que una sucesión de instantes durante el transcurso de los cuales tan sólo puede cambiar la situación. Lo desconocido no es más incierto que lo conocido. En la actualidad, ¿quién tiene la garantía de que mañana no va a perder su puesto de trabajo? Siempre se dice que estamos seguros de aquello que ya poseemos. Pero, ¿podemos estar realmente seguros? Entonces, la noción de lo desconocido se convierte en algo mucho más relativo.

Una vez dicho esto, no es que te sugiera que te lances hacia lo desconocido como si fuese lo único interesante que se pudiera hacer, sobre todo si se trata de algo que te preocupe mucho. Pues pocas veces se consigue algo bajo la influencia de una emoción negativa. Simplemente, te invito a que no tengas miedo a la hora de considerar nuevas posibilidades. Además, tras haber tenido una intuición de este tipo, nada te impide que analices la situación con tu cerebro izquierdo –argumentando y reflexionando– para verificar si tu razón da luz verde a tu intuición, con la condición de que sepas diferenciar los argumentos neutros y las inducciones dictadas por el miedo.

Ejercicios

Librarnos de nuestros miedos

Existen diferentes formas de exorcizar el miedo. Voy a proponerte dos que deberían permitirte mejorar considerablemente tu actitud frente a éste.

La primera es la de cultivar la confianza en uno mismo –volveremos a hablar de ello en el capítulo siguiente– y la segunda es la de vivir a fondo una situación de miedo.

Cultivar la confianza en uno mismo

Para ayudarte a cultivar la confianza en ti mismo, puedes hacer ejercicios de visualización –es decir, crear imágenes mentales– en las que te veas viviendo con serenidad una situación que te asuste. Retomemos el ejemplo de hablar en público.

Antes de empezar a relajarte, dedica un momento para anotar las emociones, las sensaciones y las manifestaciones físicas ante la sola idea de hablar en público (garganta seca, temblores, sudor frío, etc.).

Anota también todos los pensamientos negativos que crucen por tu mente a este respecto y que hacen que creas que no eres capaz de hacerlo; «no lo conseguiré... todo el mundo se dará cuenta de que estoy temblando... voy a olvidarme de lo que tenía que decir... lo voy a hacer fatal... a nadie le interesará lo que tengo que decir, etc.».

Observarás que estas frases, en apariencia «inofensivas», realmente son muy parecidas a los condicionamientos o a las programaciones. Podrás comprender fácilmente hasta qué punto su repetición te hace vulnerable y puede conducirte al fracaso, puesto que tu subconsciente adopta estas informaciones como una realidad. Una vez revisadas todas estas limitaciones, déjalas de lado y ponte cómodo. Respira varias veces profundamente y empieza a relajarte. Cuando te encuentres totalmente descansado, piensa en un lugar que te guste especialmente y en el que te sientas particularmente bien. Disfruta de todo cuanto te rodea. Ahora, imagínate que viene a visitarte un amigo y visualízate hablando tranquilamente con él. Experimenta la alegría que te produce hacerlo. Mientras estás conversando con él, dos o tres personas más se unen a vosotros. Prosigue la conversación presentándote a cada una de ellas. Después, otras personas se añaden al grupo y se sientan formando un círculo a tu alrededor. Te hacen preguntas y tú las contestas. Observa lo tranquilo y lo a gusto que te sientes.

Tu voz es clara y todo el mundo comprende perfectamente lo que estás diciendo. Mira a cada persona como si fuese tu única interlocutora. Al mismo tiempo que prosigues tu conferencia, con el pensamiento, estableces un caluroso vínculo con cada uno de los asistentes. Responde a cada una de las sonrisas y observa lo benevolentes que se muestran todos contigo. Alégrate de este intercambio.

Ahora, trasládate al lugar en el que tendrás que hablar en público próximamente. Si todavía no lo conoces, simplemente, imagínatelo. Con el pensamiento, familiarízate con cada una de las personas de esta nueva asamblea. Quizás reconozcas a algunos de los nuevos amigos con los que acabas de estar.

Te sientes en un ambiente que te inspira confianza y te ves a ti mismo exponiendo tu conferencia con toda tranquilidad. Todo el mundo te escucha con atención. Tu intervención es un éxito. Una vez acabada la conferencia, la mayoría de los asistentes te felicitan por ella. Visualiza y vive esta escena como si fuese real. No dudes en prolongar este momento ni en «visualizarlo» tantas veces como lo desees.

Este ejercicio te permitirá almacenar nuevas informaciones en tu subconsciente y proponerle otro argumento, puesto que hasta este momento tan sólo conocía el del miedo de hablar en público.

Vivir a fondo una situación de miedo

Otra forma de exorcizar un miedo consiste en visualizarlo y en «escudriñarlo a fondo», es decir, dramatizarlo al máximo, imaginándote lo peor. De nuevo, volveremos a utilizar el ejemplo del miedo de hablar en público.

Tras haberte relajado, visualízate unos minutos antes de tu «aparición en escena». Te sientes mal, los nervios te paralizan, no puedes dejar de temblar, el corazón te va a cien por hora, te has olvidado del texto, no sabes cómo empezar y, por si fuera poco, te preguntas qué estás haciendo allí y por qué lo estás haciendo puesto que, en realidad, detestas asumir este tipo de riesgos.

Después, te ves a ti mismo tomando la palabra. Carraspeas e intentas aclararte la voz. Escuchas ruidos de sillas. Algunas personas siguen hablando en voz alta entre ellas. Los asistentes te parecen hostiles. Empiezas tu conferencia... hablas entrecortadamente. Sudas y tus manos tiemblan ligeramente. Te preguntas si tus oyentes se habrán dado cuenta de ello.

Tienes la impresión de que algunos de ellos sonríen irónicamente al mirarte, otros siguen hablando entre ellos como si ni siquiera se hubiesen percatado de tu presencia, como si no fueses nadie. «Además, es cierto, piensas tú, no soy nadie». Estás íntimamente convencido de ello. El resto de la conferencia tampoco va mejor. Te embrollas en el discurso. Algunos oyentes se mueven en sus sillas, otros no paran de toser... Y algunos, incluso se levantan y abandonan la sala. Y, después, de repente, te quedas totalmente en blanco. Todo se vuelve borroso ante ti, estás a punto de echarte a llorar. Pronuncias unas palabras de excusa prácticamente inteligibles y abandonas la sala. Nadie aplaude, el público está consternado. Recibes críticas mordaces por parte de tus compañeros de trabajo y te sientes realmente agobiado.

Esta catastrófica situación resulta sumamente liberadora. Nos permite repasar todo lo que nos bloquea, todo lo que nos atemoriza y nos ayuda a desdramatizarlo.

Cuando jugamos al juego de imaginarnos lo peor, sin marcarnos ningún límite, llega un momento en el que el juego resulta tan exagerado que nos saturamos hasta el punto de encontrar el miedo cada vez menos real. De hecho, se convierte en algo «insulso». Es como si ya no lo reconociésemos y ya no supiésemos qué es lo que lo ha provocado.

Cuando cometemos un exceso alimentario, ni siquiera podemos imaginarnos que seremos capaces de volver a comer al día siguiente. Con este ejercicio ocurre más o menos lo mismo. Llega un momento en el que ya no podemos seguir avanzando en una pesadilla. Hemos exagerado tanto la situación que, simplemente, dejamos de creer ella. El miedo se convierte entonces en algo grotesco y deja de ser creíble.

No obstante, te recomiendo que utilices este ejercicio con moderación. En efecto, resulta preferible no visualizar situaciones negativas con excesiva frecuencia, pues siempre existe el peligro de que podamos conservar estas imágenes grabadas en nuestro subconsciente. Pero, por regla general, este ejercicio nos permite liberarnos de toda una serie de automatismos y de creencias negativas. Sin embargo, para que te resulte más provechoso todavía, te sugiero que continúes este ejercicio recurriendo a su aspecto positivo, es decir, visualizando una situación en la que predomine la confianza en ti mismo, tal y como ya hemos visto con anterioridad, durante la cual programes esta misma vivencia, pero esta vez con un éxito total.

DEJAR DE TOMARNOS EN SERIO: MIRAR LO QUE HACE Y LO QUE DICE NUESTRO EGO, DESDRAMATIZAR

Cada vez que pienses en ello, imagínate que estás en el teatro y que estás interpretando tu propio papel. Acostúmbrate a llamarte por tu nombre y a sustituir el «yo», el «mi», o el «a mí» por tu nombre de pila. Cuando te encuentres en una situación delicada —durante una entrevista complicada o una discusión, cuando tengas que juzgar o criticar a alguien, o seas tú quien se sienta juzgado o criticado, o incluso cuando intentes justificarte— obsérvate actuar. Dite a ti mismo: «Mira, Catherine [tu nombre de pila] contesta esto»... «Catherine se siente halagada por esta proposición», «Catherine se enfada», «Catherine está convencida de que tiene razón», «Catherine cree que no le han hablado bien», etc. Sé tu propio testigo. Este ejercicio te permite mantener una cierta distancia contigo mismo, así como darte cuenta de la excesiva *seriedad* con la que te tomas. Practícalo como un juego. Es muy importante. Si tienes la posibilidad —por ejemplo, cuando estás hablando por teléfono— escribe todo lo que digas, utilizando siempre tu nombre de pila para hablar de ti. Sino, en cuanto dispongas de unos minutos para hacerlo, vuelve a transcribir la escena de memoria.

Puedes subrayar todas las limitaciones que observes, o bien sólo aquellas que consideres prioritarias. Practicando este ejercicio con regularidad, descubrirás la mayoría de los mecanismos de pensamiento que dominan tu ego y comprenderás sobre qué creencias se ha construido tu Yo superficial. No te olvides de que se trata de un juego y no te culpabilices por lo que puedas descubrir.

En lugar de eso, felicítate por haber sido capaz de darte cuenta y sé consciente de que estas informaciones te muestran unos automatismos que no estás obligado a reproducir cuando te encuentres en una situación similar, ya que una vez los hayas identificado, tendrán mucha menos fuerza y podrás eliminarlos más fácilmente de tus pensamientos.

DEJAR DE JUSTIFICARNOS

Tal y como ya hemos visto en este capítulo, cada vez que intentamos explicar alguno de nuestros actos o de nuestros comportamientos, siempre tendemos a justificarnos.

Pero todavía lo hacemos de forma más sistemática en aquellas situaciones que, en realidad, no requieren ninguna explicación Por ejemplo, «me he comprado un vestido rojo... sólo estaba en dos colores, en rojo y en amarillo. Elegí el rojo porque el amarillo me queda fatal». Este ejemplo refleja una preocupación por justificarse ante la elección del color rojo. Quizás se deba al hecho de que la persona pueda pensar que el rojo es un color demasiado vistoso, demasiado agresivo, o incluso que lo asocie con la intención de seducir, de sentirse atractiva y que se sienta molesta de reconocerlo. Algunos de nosotros utilizamos este tipo de justificaciones a diario. El único ejercicio que puedo aconsejarte para solucionarlo es el de hacer una lista, por escrito, de todas las frases que empiecen por un «porque...» que utilices a lo largo del día.

Coge un bloc de notas y llévalo siempre contigo.

Después, frente a cada una de las justificaciones que hayas podido observar, anota una frase en la que aceptes la situación tal y como se presenta, *sin explicarla.*

Por ejemplo, en el caso del vestido rojo, podrías escribir simplemente «me he comprado un vestido rojo» o «me he comprado un vestido» y no «me he comprado un vestido rojo porque me gusta el rojo» o «me he comprado un vestido rojo... lo necesitaba porque no tenía nada que ponerme con mi jersey azul». De este modo, ya no es necesario que intentes convencerte —ni a ti misma ni a ninguna otra persona— de tu compra argumentando que el amarillo no te queda bien o que el rojo te gusta más o que esta compra era indispensable.

Sea cual sea el caso, siempre se trata de justificaciones que no aportan nada más a la situación. Te has comprado algo y ya está. Si te reprochan haber hecho mal tu trabajo (como en el ejemplo anteriormente citado), la única respuesta es la de *aceptarlo*. Si te has equivocado y eres consciente de ello, simplemente, reconócelo.

No des explicaciones a no ser que éstas aporten informaciones útiles o vitales para la empresa. Si no has podido realizar correctamente aquello que te han encomendado porque se ha estropeado una máquina, por supuesto esto es algo que deberás dar a conocer.

Pero, sobre todo es con respecto a los juicios de valores cuando más te recomiendo que no intentes justificarte. Tu labor no consiste en intentar convencer a los demás de tu buena fe o de tus buenas acciones, sino de que seas *tú mismo* el que estés convencido, porque mientras tú no lo estés tendrás la necesidad de seguir convenciéndote y, por lo tanto, siempre continuarás intentando justificarte.

Capítulo 5

Intuición
y pensamiento creativo

«El espíritu consciente no siempre puede prever qué es lo mejor para nosotros. La fe implica una confianza fundamental en el universo, la creencia de que todo es por nuestro bien.

Es lo que yo pienso.

Y tú, ¿estás convencido?

Por mi parte, no se trata de una seguridad formal, pero prefiero creer en ello porque así, si actúo en consecuencia, mi vida transcurre mucho mejor.

Jamás me siento víctima de las circunstancias. Mi actitud siempre es fuerte y positiva. Considero las dificultades como si fuesen una especie de «halterofilia espiritual», es decir, como un desafío para fortalecer el espíritu».[1]

---

1. Dan Millman, *Le voyage sacré du guerrier pacifique*, éd. Vivez Soleil, p. 96-97.

El pensamiento crea

La forma en la que reaccionamos ante un problema o ante una determinada situación, normalmente suele influir en su desarrollo y en su resolución. En otras palabras, si reaccionamos «mal», es decir, imaginándonos lo peor o viéndolo todo negro, existen muchas posibilidades de que no logremos alcanzar la solución deseada ya que, cada vez que nuestro consciente acepta unas informaciones como verdaderas, éstas también quedan grabadas *como verdaderas* en nuestro subconsciente que no las cuestionará mientras que nuestro espíritu consciente tampoco lo haga. Si se trata del miedo a fracasar en un determinado ámbito de la vida, nuestro subconsciente considerará este miedo como una *realidad* y la justificará basándose en el recuerdo de todas aquellas veces en las que, efectivamente, no tuvimos éxito en ese ámbito de la vida. Ya lo hemos visto antes, estas informaciones, repetidas, podrán reflejarse en el miedo a fracasar cada vez que nos encontremos ante una situación parecida. Y, la mayoría de las veces, nos arriesgaremos a sufrir un nuevo fracaso. Es un círculo vicioso de condicionamientos negativos.

Por el contrario, si enfocamos una situación con toda confianza y con la convicción de que sabremos resolverla de forma positiva, tendremos muchísimas más posibilidades de que el éxito esté de nuestra parte, ya que nuestro subconsciente también lo *creerá*. Con la condición, por supuesto, de que ningún miedo pueda alterar esta confianza.

Nuestros esquemas de comportamiento están tan arraigados en nosotros y desde hace tanto tiempo que también se reflejan en nuestro entorno. Son el resultado de todas las informaciones y de todas las experiencias que conservamos en la memoria desde el momento de nuestro nacimiento y se han convertido en condicionamientos que rigen nuestras vidas induciéndonos a actuar o a pensar de una forma o de otra.

De esta manera, cuando estamos convencidos de que podemos vivir una situación determinada, lo que hacemos es atraerla hacia nosotros. Y si el miedo prevalece sobre la confianza, entonces tendemos a vivir más aquello que tememos que aquello que nos gustaría que ocurriera. Cuando aceptamos *verlo*, finalmente comprendemos que nuestras creencias y nuestros pensamientos son los que crean nuestra realidad.

La intuición nos permite acceder a nuestra sabiduría interior

Podemos trascender las creencias escuchando nuestra sabiduría interior, es decir, esa parte de nosotros mismos que tiene acceso al océano de informaciones y de posibilidades que nos complacemos en imaginar, tal y como las que aparecían al principio de esta obra. Aquí es donde podemos recibir y elegir las mejores informaciones. Y lo logramos por medio de la intuición, ya que ésta es la que nos vincula a nuestra sabiduría interior. Es capaz de percibir y de asimilar unas informaciones a las que no tendríamos acceso si sólo utilizásemos nuestro espíritu consciente. Nos permite poder recurrir a ella de forma permanente.

Por ejemplo, gracias a nuestra imaginación, podemos «vivir» toda una serie de situaciones como si fuesen reales —esto es lo que hacemos cuando visualizamos— y también podemos elegir otras creencias e impregnarnos de ellas. Esto sólo requiere que permanezcamos abiertos a nuevas perspectivas y que nos imaginemos otras situaciones distintas que vivir. Sin embargo, debemos tener mucho cuidado, ya que permanecer en contacto con nuestra imaginación no debe confundirse con el complacernos con largos ensueños. Pues las ensoñaciones no filtran los pensamientos aleatorios y, por regla general, nos mantienen en un estado de pasividad incompatible con una labor de visualización creativa.

Elegir

Yo percibo la intuición como a un mensajero privilegiado entre nuestra sabiduría interior y nuestro consciente. Nos aporta aquellas informaciones que más pueden ayudarnos. La mente, por su parte, tiende más bien a hacer emerger a nuestra conciencia los mensajes de tipo racional y a menudo limitadores de nuestro subconsciente.

Tanto la intuición como la mente son nuestros mensajeros interiores. Sin duda, la única diferencia estriba en que la intuición siempre tiende a recurrir a la fuente más perfecta, más «divina» de nuestro ser, sin reflexiones, pero también sin juicios ni condicionamientos. Por el contrario, la mente se basa en aquello que ha asimilado el subconsciente, considerándolo como su *verdad personal*. En algunas ocasiones, esta verdad personal también puede resultar benéfica y aportarnos informaciones útiles. Pero, la mayoría de las veces, mientras el individuo no actúe con «conciencia», es decir, hasta que no haya profundizado en sí mismo, los mensajes de su mente siempre tenderán a reflejar sus miedos y sus prioridades. También es muy importante que nos acostumbremos a reconocerlos de modo que, entre todas las informaciones que nos llegan constantemente, seamos capaces de retener tan sólo aquellas que no nos limiten. Es decir, que debemos aprender a *elegir*.

Elegir significa manifestar nuestras preferencias. Significa comprarse el vestido rojo y no el amarillo. Equivale a comernos el pastel que más nos gusta y no el que nos gusta menos.

Incluso, aunque esto pueda parecernos algo simplista o restringido, con los pensamientos y las creencias ocurre exactamente lo mismo. Si no te apetece aceptar una invitación porque ese día prefieres quedarte en casa, lo mejor es que declines la invitación y que no te culpabilices ante la idea de decepcionar a tus amigos por no acudir a la cita. No tengas miedo de decir que «no». A veces, esto es algo que todos debemos aprender a hacer.

Esto no significa ser egoístas, simplemente significa mostrarnos atentos con nosotros mismos. La mejor forma de comportarnos bien con los demás es empezar por comportarnos bien con nosotros mismos, sin contarnos historias, sin justificarnos ni culpabilizarnos. Seguramente, tus amigos te agradecerán el hecho de que te expreses francamente y sin rodeos con ellos y, aun en el caso de que puedan lamentar tu decisión, seguramente no dudarán en reconocer que tu actitud ha sido honesta y directa. Convéncete, tú eres el único dueño de tus pensamientos y también de tus decisiones.

Incluso en el caso de que tengas la impresión de que tu elección pueda depender de la opinión de otra persona o de las circunstancias, acostúmbrate a pensar y a creer que, en realidad, tú eres el único responsable de la decisión que puedas tomar. Es posible que tengas que comprar una casa o un coche a medias con otra persona y que vuestros gustos difieran. En este caso, quizás elijas no cambiar de idea, o bien someterte a la opinión de la otra persona, o incluso llegar a un compromiso con ella. Pero en cualquier circunstancia, siempre serás el responsable de tu decisión, incluso aunque hayas renunciado a tu primera elección con el fin de satisfacer a la otra persona ya que, en este caso, lo habrás hecho más por ella que por ti. Muéstrate siempre consciente de tus decisiones. Es muy importante.

Al principio, tus elecciones «conscientes» pueden estar relacionadas con las pequeñas cosas de la vida cotidiana que resultan esenciales aunque, a primera vista, no siempre lo parezcan. Por ejemplo, puede tratarse de decidir si estar de buen o de mal humor, de estar triste o contento, de tener ganas de trabajar o de no tenerlas...

Con el tiempo, podrás observar y comprobar la evolución de tus decisiones con respecto al conjunto de tus actividades. Y cuanto más lo hagas, más consciente te volverás de tu capacidad para poder elegir por ti mismo.

Crear nuestra propia realidad

Nuestra vida se traza y se construye cada día por medio del conjunto de estas elecciones. Nuestra vida es una sucesión de instantes que nosotros elegimos; una sucesión de elecciones de pensamientos. ¿Por qué sugerir que nuestros pensamientos y nuestras creencias crean nuestra realidad? Porque, precisamente, somos nosotros quienes los elegimos y, al hacerlo, les damos vida y se convierten en nuestra verdad. Si estoy convencida de que no me van a subir el sueldo porque cada vez que he pedido un aumento de sueldo, en el pasado, éste siempre me ha sido denegado, seguramente no volveré a pedirlo. O bien lo pediré, pero con la convicción de no conseguirlo y, seguramente, esto es algo que se podrá *ver o percibir*. No me colocaré en posición de ganar. Esto quizás sea lo que anime a mi jefe a negármelo de nuevo, pues se dará cuenta de que ni siquiera yo misma estoy segura de poder convencerlo y que, en cierta forma, ya me he planteado, es decir aceptado, su negativa.

Tanto en un caso como en otro, mi actitud mental no habrá sido la idónea para conseguirlo. Cuando creemos profundamente en algo, lo transmitimos a nuestro entorno. No siempre se verbaliza, ni siempre es percibido conscientemente por los demás, pero el mensaje llega de todas formas. Comunicamos nuestra energía positiva a nuestro entorno, el cual, la mayoría de las veces, responde favorablemente. Entonces, nuestra creencia, apoyada por nuestro entusiasmo y nuestro profundo convencimiento, encuentra una resonancia concreta en nuestra realidad.

El amor hacia nosotros mismos

Desarrollar la intuición implica creer en sus mensajes, lo cual significa tener confianza en nosotros mismos. El primer paso para adquirir confianza en nosotros mismos es prestarnos más atención y tomarnos el tiempo necesario para poder escuchar nuestras necesidades y nuestras preferencias. Implica darnos más amor. Esto es algo esencial y, sin embargo, por regla general, no sabemos hacerlo bien. Pues si nos decidimos a pensar en nosotros mismos en primer lugar, casi siempre tendremos miedo de parecerles egoístas a los demás. En cualquier caso, esto es lo que nos sugiere nuestro Yo superficial. Sin embargo, si somos capaces de concedernos la atención y el respeto necesario a nosotros mismos, también sabremos concedérselo a los demás. Siempre es más fácil tratar bien a los demás si antes lo hemos practicado con nosotros mismos. Y cuando nos sentimos a gusto en nuestra propia piel, nos resulta mucho más fácil compartirlo todo con aquellos que nos rodean y hacerles participar de nuestra propia alegría. De esta misma forma, cuando sentimos predilección por un espectáculo, un libro o un disco, tampoco tenemos ninguna dificultad en comunicar nuestro entusiasmo.

He podido observar que, con frecuencia, solemos escoger regalos para los demás que no siempre nos atrevemos a hacernos a nosotros mismos. En este caso, podemos llegar a sentir que nos estamos privando de algo, incluso aunque el placer de ofrecérselo a otra persona nos haga olvidar que nos estamos privando. Sin embargo, para que el placer de dar sea completo, personalmente creo que debemos empezar por mostrarnos atentos con nosotros mismos y no sentirnos frustrados, ya que tan importante es hacer regalos a los demás como saber hacérnoslos a nosotros mismos...

Empezar por respetarnos a nosotros mismos significa tener en cuenta nuestras preferencias –por ejemplo, saber decir que no– así como acostumbrarnos a valorarnos y a reconocer nuestras cualidades.

Hace poco, una de mis amigas me comentaba que cuando su compañero la dejó, se había sentido como un «cero a la izquierda» y que, en el fondo, comprendía su decisión porque estaba convencida de que no era lo bastante interesante para él. ¿Cuántas veces pensamos no estar a la altura de las circunstancias, en particular cuando nos sentimos rechazados? En realidad, demasiadas.   A menudo, basta una sola observación para que nos sintamos afectados y dudemos de nosotros mismos. De hecho, nuestra reacción será proporcional a la imagen que tengamos de nosotros mismos.

Y cuanta menos confianza tenemos en nosotros mismos, más tendencia tenemos a sentirnos afectados por los demás. Sin embargo, lo importante no es lo que nos dicen sino cómo nos lo tomamos. Pues, en la mayoría de los casos, nuestro interlocutor no habrá hecho más que proyectar en nosotros algún problema que él mismo no habrá sabido solventar y que, de todas formas, sólo le atañe a él. Si nos sentimos heridos por una observación, es porque le damos crédito. Pensamos que quizás sea cierta. De esta forma, permitimos que exista y almacenamos esta información en la familia de los «no estoy a la altura».

De esta manera, seguimos encontrando argumentos para desvalorizarnos. La desvalorización, la falta de confianza en uno mismo son los condicionamientos que más pueden llegar a limitar el desarrollo de nuestra intuición. He aquí algunas sugerencias para intentar ponerles fin.

Cómo valorarnos a nosotros mismos (ejercicio)

Revisa tus cualidades, así como todo aquello que te guste de ti, tanto físicamente como intelectualmente. Anótalo. Ahora, haz una lista de los que consideras tus defectos y tómate unos minutos para reflexionar sobre lo que tendrías que cambiar para hacerlos desaparecer. Ahora, enumera tus realizaciones y tus éxitos por orden de importancia. Haz lo mismo con tus fracasos, anotando al lado qué tendrías que haber hecho para lograr el éxito. A continuación, recorta la parte de la hoja correspondiente a tus defectos y fracasos y tírala.

Conserva únicamente los mensajes positivos. Vuelve a leerlos con regularidad y ves poniendo al día tu lista a medida que vayan aumentando tus «progresos». Muéstrate orgulloso de tus éxitos y felicítate cada vez que consigas uno.

Felicítate

También es importante que te felicites cada vez que tu intuición haya resultado acertada. Esto te animará a fiarte de nuevo de ella, a concederte más confianza a ti mismo y a valorarte más. De esta forma, podrás ir modificando progresivamente la imagen que tienes de ti mismo.

Felicitarnos es una actividad realmente provechosa que a menudo descuidamos porque más bien tendemos a hacernos reproches por nuestros fracasos. Sin embargo, cuando nos equivocamos, culpabilizarnos no sirve de nada puesto que ya no podemos volver atrás.

Es indispensable que aprendamos a aceptar que lo que ha pasado, ya ha pasado, con el fin de evitar permanecer limitados a causa de un mal recuerdo. Además, aceptar que lo pasado ya ha pasado puede ayudarnos a no volver a cometer el mismo error en el futuro. Nos permite realizar una nueva toma de conciencia, convirtiéndose en algo útil. Y también podemos felicitarnos por ello.

Desarrollar tu intuición consiste en preparar el terreno, y felicitarte forma parte de este proceso, al menos hasta que estés profundamente convencido de que la intuición te guía mejor cada vez.

La confianza en nosotros mismos

Tanto la estima como el amor hacia uno mismo, conducen sin duda a que podamos ser capaces de confiar en nosotros mismos. Tener confianza en nosotros mismos significa reconocer nuestros valores. También significa que somos capaces de tomar una decisión por nosotros mismos, sin temer el juicio de los demás. Experiméntalo con cosas que no puedan conllevar consecuencias enojosas, sobre todo cuando empieces a practicar.

Tras haberte interrogado sobre una situación en particular, ante todo debes tomar una decisión rápida, escuchando la primera respuesta que llegue a tu mente de forma intuitiva. Después, pide a algunas personas, cuyos consejos siempre te hayan resultado muy válidos, que te aconsejen sobre la decisión que tienes que tomar, sin revelarles, con el fin de no influenciarlas, lo que ya hayas decidido.

Pídeles que te contesten rápidamente, sin reflexionar. Por supuesto, las respuestas podrán ser algo contradictorias, sobre todo si entre estas personas algunas razonan sobre sus propias limitaciones en lugar de sentir y dejar hablar a su intuición. Pero, por regla general, siempre te quedarás muy sorprendido al ver que piensan casi lo mismo que tú, exceptuando algunos pequeños detalles o matices. Además, también podrás comprender mucho mejor las respuestas contradictorias en función de lo que ya conoces de las personas que las han emitido. Esto te ayudará a relativizar la influencia que, habitualmente, puedan llegar a ejercer sobre ti.

Ejercicio

Para que te sientas seguro frente a la decisión que hayas podido tomar, también debes comprobar la forma de reaccionar de tu cerebro izquierdo con respecto a tu respuesta intuitiva y cómo la comprende. Para esto, deberás escribir en una hoja todos los «pros» y los «contras» de tu decisión. Después, compara estos argumentos con las respuestas que te hayan dado tus amigos. Siente en tu interior aquello que te parece más justo, más apropiado, más afín con tu personalidad. Si uno de estos argumentos te parece excesivo, intenta descubrir por qué. Quizás se trate de una antigua emoción que está volviendo a aflorar a la superficie. También deberás observar todos aquellos argumentos que hayan sido dictados por el miedo. Tomar conciencia de ellos les restará importancia y hará que puedas considerarlos de una forma mucho más neutra. Añade notas a tus argumentos o clasifícalos por orden de importancia.

Observa si la lista de los «pros» es más larga que la de los «contras» o a la inversa. Después, procede por eliminación. Tacha, uno a uno, todos los argumentos de la lista que consideres secundarios, aquellos que te resulten fáciles de abandonar, hasta que sólo te queden dos o tres en cada lista. Pero, si con todo esto todavía no te sientes capaz de elegir, lo más aconsejable sería que dejases a un lado esta lista durante algunos días.

Verás como, de todas formas, tendrá lugar un resultado y la respuesta te llegará de una forma evidente. Es muy probable que ésta sea la misma que elegiste en un principio. Y, si además, con el paso del tiempo, esta decisión resulta ser la mejor, esto te indicará que tu intuición está en plena forma. No dudes en verificar tus intuiciones cada vez que lo consideres necesario con el fin de estar seguro de que puedes confiar en ellas. Cuanto más te acostumbres a decidir por ti mismo y de una forma rápida, más capaz te sentirás de hacerlo.

Y cuanto más acertadas resulten ser tus intuiciones, más confianza tendrás en ti mismo. Entonces, ya no dudarás en utilizar tu intuición de forma regular.

La intuición es creativa

A partir del momento en que aceptamos que el pensamiento es creador, nos resulta mucho más fácil darnos cuenta de que la intuición también es creadora de nuestra realidad.

En efecto, yo percibo la intuición como un impulso que desencadena el pensamiento. Es el interruptor que permite que se encienda la luz, la chispa que hace que arranque el motor. La respuesta intuitiva es nuestro primer paso hacia lo que vamos a hacer después.

Cada vez que nos hacemos una pregunta, la primera respuesta que aparece en nuestra mente es la que nos guía, la que nos señala el camino que nos conduce hacia la solución.

La intuición es la iniciadora de nuestros actos, de todo aquello que emprendemos. En este sentido, la intuición es la creadora de nuestra realidad. Cuando la escuchamos y uno o varios pensamientos se forman en nuestra mente de una manera clara y rápida, entonces, provoca el nacimiento a nuestros proyectos. De hecho, a partir del momento en el que algo ocupa nuestra mente, esto toma «cuerpo» en nuestra vida; es decir, existe.

Capítulo 6

La intuición en la vida cotidiana: nuestra relación con los demás

Intuición y comunicación

Nuestra relación con los demás está muy vinculada con la comunicación. Ésta resulta primordial. Pero antes de ver cómo podemos utilizar la intuición en las relaciones con nuestro entorno, considero necesario que revisemos algunos de los mecanismos de comportamiento que nos bloquean –sobre todo cuando nos comunicamos– con el fin de poder modificarlos.

La necesidad de ser claros

El primer paso y, con frecuencia, también la primera dificultad con la que nos encontramos a la hora de comunicarnos con los demás, suele ser expresarnos con claridad. En efecto, siempre tendemos a utilizar más de una frase cuando, en realidad, con una sola sería más que suficiente, y lo único que conseguimos con esto es complicar nuestro discurso. Y lo que también suele ocurrirnos, sobre todo cuando nos sentimos dominados por nuestras emociones, es que nuestros pensamientos se confunden y se enredan y nos obligan a mostrarnos mucho menos coherentes en nuestros propósitos, a titubear, a quedarnos en blanco, o incluso a no decir lo que realmente pretendíamos decir.

Todo depende de lo que sea más importante para nosotros a la hora de intentar comunicarle una información a alguien: el razonamiento, la necesidad de justificarnos y de explicarnos, o la intensidad emocional que nos domina en esos momentos.

Expresarse con claridad significa ante todo ser claros con nosotros mismos. Y ser claros significa tener una idea precisa de lo que vamos a decir. Significa escoger el camino más recto, es decir, ir directamente al grano, sin rodeos y sin volver hacia atrás. Significa perseguir nuestros fines y nuestros objetivos, olvidándonos de los pensamientos parásitos y no dejándonos impresionar o influir por ellos ni por las emociones que éstos puedan provocar. Por regla general, un orador prepara su discurso por escrito y lo lee o lo recita. Esto no le impedirá aportar nuevos matices o añadir algún comentario durante su conferencia, o incluso es posible que tan sólo utilice su escrito como punto de referencia para su exposición. Haberse preparado el discurso con anterioridad le permite aclarar y ordenar sus pensamientos con el fin de que la conferencia resulte lo más completa posible. La mayoría de periodistas o de presentadores de radio o de televisión casi siempre suelen escribir sus textos antes de transmitirlos a la audiencia.

Aquellos que no lo hacen, por regla general suelen poseer grandes dotes de improvisación, sin embargo tampoco pueden considerarse a salvo de una confusión o de alguna emoción que les aleje de su objetivo inicial, despistándoles y haciéndoles perder el hilo de su discurso, aunque sólo sea durante un instante.

Una vez dicho esto, no creo que sea imprescindible que escribamos todo lo que vamos a decir. Simplemente, me limito a observar que siempre podemos preparar nuestro discurso o recurrir a la escritura en aquellos casos en los que nos importe mucho el hecho de expresarnos de una forma clara y precisa. No obstante, en nuestra vida cotidiana, esto es algo no solemos hacer. Y, sin embargo, sería un excelente ejercicio. Durante una conversación, cuando deseo abordar distintos temas, normalmente suelo prepararme un pequeño recordatorio con palabras que me sirvan como punto de referencia. Esto me permite no olvidar nada de lo que quiero decir y, en consecuencia, poder volver al tema que me interesa, incluso en el caso de que la conversación haya tomado otro rumbo. Esto es lo mismo que hacernos una lista de la compra o planificarnos el día en el momento de levantarnos, anotando nuestras citas y las cosas importantes que tenemos que hacer. Pero esto es algo que estamos mucho más acostumbrados a hacer con el teléfono, sobre todo en el ámbito profesional. Anotar lo que nos dice o nos pide nuestro interlocutor nos permite poder responderle con precisión y sin olvidarnos ni de un solo detalle.

Así pues, cuando escribimos, «vomitamos» en el papel todas las ideas que nos pasan por la cabeza; unas nos llegan de forma intuitiva, algunas tras haber reflexionado y, otras, son mensajes/reflejos de nuestra mente. Después, al releer lo que hemos escrito, suprimimos algunas cosas o las corregimos hasta mostrarnos satisfechos con el resultado. Pasamos del borrador a la copia definitiva.

Hacemos todo esto cuando tenemos que transmitir una información por escrito y queremos que los demás la entiendan bien. Es evidente que el mecanismo no es el mismo que cuando conversamos ya que «los escritos permanecen, pero a las palabras se las puede llevar el viento», es decir que, con el paso del tiempo, podemos olvidarlas o nuestra memoria puede llegar a recordarlas o a interpretarlas de forma distinta a la original. Por regla general, solemos preparar nuestras entrevistas profesionales, cosa que pocas veces hacemos con nuestras discusiones personales. Sin embargo, nos iría muy bien hacerlo. No siempre, por supuesto, pero sí en el caso de cosas importantes.

No se trata de codificar o de premeditar todas nuestras conversaciones, dado que uno de sus encantos es precisamente el de la espontaneidad. Se trata más bien de que tengamos en cuenta el hecho de que nos comunicamos de forma diferente cuando lo hacemos verbalmente que cuando lo hacemos por escrito y que, por regla general, solemos mostrarnos mucho más precisos cuando escribimos. Esta habilidad, que normalmente solemos reflejar mucho mejor a nivel escrito que a nivel oral, podríamos mejorarla si, por ejemplo, nos acostumbrásemos a hablar con frases cortas y a elegir, entre las diferentes ideas que nos vienen a la mente, aquellas que mejor resuman lo que tenemos que decir. Para conseguirlo podríamos esperar algunos segundos, o bien respirar profundamente antes de empezar a hablar.

El silencio permite que podamos escucharnos interiormente y a menudo suele resultar extremadamente útil, incluso aunque sólo tenga lugar durante unas pocas fracciones de segundos. No debemos olvidar que la mente nos envía informaciones al mismo tiempo que nuestra intuición. Esperar no tiene porque significar reflexionar, sino más bien elegir la mejor información y en el mejor momento. Sin embargo, debemos tener cuidado que, al hacer esto, no estemos ocultando otra información. En efecto, aquello que no decimos a menudo suele ser uno de los puntos que más tienden a bloquear la comunicación.

Pues bien, no podemos ser claros con nosotros mismos ni con nuestro interlocutor si somos incapaces de transmitirle una información importante. Lo que queda sin decir, ciertamente puede arreglarse o mejorarse, al menos en un principio, como por ejemplo, cuando escribimos un diario personal o una carta. No importa que al final nos decidamos o no a enviar la carta. El objetivo es que consigamos expresarnos con libertad ya que aquello que no decimos reagrupa sin duda el conjunto de las frustraciones, de los miedos y de los bloqueos existentes en una relación. Y a ello también debemos añadirle el miedo a perder el amor, la confianza o la estima de la otra persona si la hacemos partícipe de nuestras angustias o de nuestras dudas y tememos que ésta pueda reaccionar mal ante nuestra postura.

Y, sin embargo, en las relaciones, el camino de la comunicación debe ser el de la libertad y el de la expresión personal, es decir, del *yo primero*. No es una cuestión de egoísmo o de egocentrismo, sino de amor y de respeto hacia uno mismo y, en consecuencia, también hacia la otra persona. Con el fin de podernos abrir mejor a los demás, en primer lugar, debemos aprender a ocuparnos de nosotros mismos.

Ocuparnos de nosotros mismos

Ocuparnos de nosotros mismos significa mostrarnos atentos con nosotros, con nuestras necesidades y con nuestros propios deseos antes de preocuparnos de la otra persona o de sus reacciones. También significa expresar nuestros sentimientos. Este es uno de los puntos fundamentales de la comunicación.

He aquí un ejemplo de conversación basada precisamente en aquello que no decimos.

Un marido llega con retraso y su mujer, quizás con un tono algo acusador en su voz, le dice:

—¡Llegas tarde! ¿Dónde te habías metido? ¿Por qué no me has telefoneado? ¿Con quién estabas?

El marido puede contestar diciéndole:

—He estado trabajando hasta ahora... Me he ido a tomar una copa con un compañero...

Que sus respuestas sean ciertas o falsas no es lo que pretendo subrayar aquí. Lo que más cuenta en estos casos es lo que esconden este tipo de preguntas o de observaciones; «¿dónde estabas?», «¡llegas tarde!». En realidad, este tipo de conversación es un intercambio de informaciones; pero lo esencial, o sea, lo que se siente con profundidad, no llega a ser expresado.

La mujer se ha dirigido a su marido interrogándole. En ningún momento le ha hablado abiertamente de sí misma. Sin embargo, en este caso, la pregunta «¿dónde estabas?» probablemente revela el miedo a ser abandonada, a dejar de ser amada, a veces, incluso, a dejar de existir, particularmente cuando no creemos existir más que a través de la mirada del otro.

En este caso, ¿cuál sería la forma más adecuada de comunicarse? Podemos imaginarnos que la mujer de nuestro ejemplo le diga a su marido, sin reproches, ni amenazas:

–Te he estado esperando... he tenido miedo. Me he sentido perdida, abandonada...

O que el marido conteste a la pregunta «¿dónde estabas?», diciéndole:

–¿Qué es lo que has sentido al esperarme?

En el primer caso, la mujer expresa sus sentimientos; en el segundo, su marido le pide que lo haga en lugar de darle una respuesta que, de todas formas, tampoco va a solucionar el malestar de su esposa ya que incluso en el caso de que esta información pueda tranquilizarla, no habrá conseguido expresar su miedo ni el verdadero problema que plantea su pregunta. En la comunicación, lo más importante es que podamos expresar nuestros sentimientos; aquello que nos hacen experimentar los acontecimientos o las observaciones, sobre todo cuando no estamos de acuerdo con una persona o nos hacemos muchas preguntas con respecto a nuestra relación con ella.

Imagínate que alguien te haga un reproche y que tú contestes: «¿Qué sensación te produce el hablarme así? A mí me proporciona una sensación de pena; me turba y me entristece...»

Seguramente, esto cambiaría el curso de la conversación.

En *Dialogue de vie*,[1] Rosette Poletti retoma esta idea, refiriéndose al pensamiento de Jean Monbourquette:[2] «Es muy importante reconocer la herida "Me han hecho daño", "me has hecho daño".» Y añade ella: Quizás sea mejor expresarlo de otra manera: "me due-

---

1. Rosette Poletti & Roselyne Fayard, op. cit. p. 84.
2. *Escritor y psicólogo canadiense.*

le lo que acabas de decirme, estoy mal" porque, justamente, nos han acostumbrado a que digamos: "me has hecho daño" y lo que debemos hacer es aprender a expresar nuestros propios sentimientos: "este es el resultado que has conseguido con tu comportamiento, aunque sea yo mismo quien elija sentir esto, lo siento".»

No dudes en reconocer que algo te turba, te hiere o te entristece. No temas que esto pueda hacerte vulnerable o parecer ridículo. Piensa que esto puede ayudar a tu interlocutor a comprender mejor sus propias reacciones y, quién sabe, quizás también a plantearse las preguntas adecuadas con respecto a su comportamiento. Alguien que siempre «riñe» a los demás es porque a menudo suele *reprimir* sus frustraciones, su malestar, y los proyecta sobre la otra persona para liberarse. De hecho, inconscientemente, lo que hace es *pedirle* a su interlocutor que se responsabilice de su propio problema. Al invitarle a expresar sus sentimientos, conseguirás que se dé cuenta de su problema y, a partir de este momento, podrá tomar conciencia de él y empezar a liberarse.

No juzgar

Las críticas, los juicios y las acusaciones son el veneno de la comunicación. Cuando criticamos o juzgamos a alguien, pocas veces le damos la oportunidad a la persona para que pueda expresar sus sentimientos. Con frecuencia, cuando nos reprochan algo, tendemos a justificarnos o a acusar a nuestro interlocutor. Es lo mismo que suelen hacer los niños cuando responden:

–Yo no he empezado, has sido tú...
–Yo no he sido, has sido tú...
–Te digo que has sido tú...

Los niños ya poseen el reflejo de echarle las culpas al otro para no ser acusados o castigados por los adultos. Este patrón de defensa refleja una actitud calcada a la de la de sus propios padres. Pero los niños tienen una «excusa»: no poseen la madurez ni la perspectiva necesarias como para poder actuar de otra manera. Nosotros, los adultos, tenemos otros medios a nuestra disposición para poder cambiar estos patrones de conducta o para transformarlos. Sin embargo, la mayoría de las veces, los reproducimos. Lo único que varía son los argumentos. Con los años, los patrones son cada vez más consistentes o más complejos, pero siguen sin dejar aflorar los sentimientos y sin permitir una verdadera comunicación. Son conversaciones *cerradas*, al igual que la del ejemplo anteriormente citado. Este tipo de conversación demuestra precisamente nuestra dificultad a la hora de comunicarnos bien y nos mantiene encerrados en los laberintos de nuestra mente a la vez que impide que podamos expresar nuestras emociones.

Acostúmbrate a no juzgar. Vigila rigurosamente tus pensamientos. Es esencial. Dite a ti mismo que cada juicio y que cada crítica son pensamientos que te limitan a ti, incluso antes de afectar a la persona hacia la que vayan dirigidos.

Las críticas limitan tu capacidad de amar y de comunicarte. Escúchate a ti mismo cuando juzgas o criticas a los demás y observa la sensación que ello te produce. ¿Te sientes realmente bien cuando criticas a alguien o hablas mal de una persona? ¿Te produce satisfacción? ¿No tienes la impresión de que este tipo de pensamientos bloquean tu relación con la otra persona?

Los reproches, aun en el caso de que puedas considerarlos justificados, no te permiten comunicarte de una forma sana y completa. Además de poder llegar a herir a la otra persona –lo cual ya es importante– en cierta forma, la incitas a rendirte cuentas. Por supuesto que es posible que no lo haga pero, con frecuencia, se verá obligada a hacerlo porque se sentirá culpable. En cualquier caso, lo más seguro es que se sienta a disgusto y no te responda con la naturalidad y la espontaneidad con la que lo hubiera hecho a priori.

Otro de los riesgos de las críticas es que pueden volvernos excesivamente dominantes, incluso cuando no somos conscientes de ello porque, en cierta forma, al decirle al otro lo que creemos que tiene que hacer, podemos adquirir un cierto poder sobre él.

El pequeño profesor, el consejero

En nuestras relaciones, nuestro pequeño profesor interior, no tiene porque desquitarse con los demás. La frontera que separa los consejos de las órdenes a menudo suele ser muy pequeña. Cada uno, a nuestra manera, somos el pequeño profesor de alguien. Todos nosotros poseemos nuestra propia visión del mundo y nos gusta compartirla con los demás. Todos tenemos nuestra propia verdad. No obstante, el peligro estriba en querer imponérsela a los demás con frases como: «No deberías hacer esto, yo ya he vivido este tipo de situaciones y sé lo que me digo, etc.» Este tipo de afirmaciones puede reducir las posibilidades de acción y de comportamiento de la otra persona. Es como si le estuviésemos haciendo una predicción: «Si no me haces caso, estoy seguro de que te pasará esto.» Es una inducción que puede calar en su mente y llegar a convertirse en una verdad para él.

Aconsejar es útil, pero no debemos empeñarnos en dirigir a la otra persona. Orientarla debería ser suficiente, siempre y cuando le dejemos la libertad de elegir sus propias interpretaciones, así como la de integrarlas a su manera, con la autonomía y la personalidad que ello conlleva. En realidad, bastaría con el hecho de confiar en ella.

Todos los mensajes que transmitimos por medio de nuestro pequeño profesor no deberían ser más que simples indicaciones ante una determinada elección, es decir, un abanico de sugerencias y de posibilidades. Por ejemplo, si un amigo nos pide consejo sobre su intención de divorciarse, no tenemos porque ser nosotros quienes encontremos la solución a su problema. Como máximo, podremos considerar con él los pros y los contras de esta decisión. Pero en ningún caso debemos decidir por él. Ante todo, lo más importante es que estemos presentes y dispuestos a escucharle con el fin de poder ayudarle a expresar sus sentimientos y a plantearse los entresijos y los miedos implícitos en sus preguntas y en sus dudas. Pero es imprescindible que lo hagamos con prudencia y con discernimiento. En efecto, ¿quién puede asegurarnos que somos nosotros quienes tenemos la razón? Podemos llegar a pronunciar unas suposiciones muy válidas, pero también podemos equivocarnos.

Por este motivo, es muy importante que siempre nos mostremos abiertos con respecto a nuestras propuestas con el fin de no limitar a la otra persona y de darle la oportunidad de encontrar una puerta de salida, es decir, una alternativa, al mismo tiempo que le dejamos la libertad de poder pensar y decidir por sí misma. En otras palabras, debemos vigilar que el pequeño profesor que llevamos dentro no se propase en su papel de consejero con la intención de llegar a dominar a la otra persona.

Evitar las inducciones

Las inducciones, sean de la naturaleza que sean, siempre son limitadoras porque restringen la libertad y la capacidad de decisión de aquel que las recibe.

Las inducciones siempre limitan, tanto en el caso en el que prevengamos a alguien diciéndole: «ten cuidado con esto, pues podría ocurrirte aquello» como en el caso en el que compartamos su parecer y le aseguremos «sí, cásate con esta persona, pues realmente está hecha para ti».

Las inducciones limitan porque, por regla general, solamente nos permiten seguir una sola indicación. En función de la forma en que queden grabadas en la mente de aquel que las escucha, podrían impedirle ver o imaginar el resto de posibilidades con las que podría contar. Además, las inducciones negativas provocan un miedo suplementario o lo refuerzan en el caso de que éste ya exista.

Podemos y, por supuesto debemos, pasar informaciones del tipo: «Se anuncian fuertes nevadas en el lugar al que tienes que ir. Te aconsejaría que postergases tu viaje o, al menos, que no fueses en coche», pero vigilando siempre la forma en la que lo decimos. En efecto, cuando prevenimos a un niño del peligro que corre con los elementos de «riesgo» como, por ejemplo, el fuego o la electricidad, también podemos transmitirle una atracción hacia lo prohibido en lugar de hacerle tomar conciencia de que ello representa un verdadero peligro para él.

De hecho, utilizamos la inducción cuando nos colocamos en el lugar de la otra persona y queremos decidir por ella, dado que estamos convencidos de que sabemos lo que tiene que hacer, incluso mejor que ella misma. Con frecuencia, esta suele ser la forma de comportarse de los padres con respecto a sus hijos –es el papel de guía que ellos consideran correcto asumir– pero, también nos encontramos con esta misma actitud entre los adultos. No en vano, la mayoría de las veces, nuestra tendencia a querer inducir a los demás, no es más que la proyección de nuestros propios miedos y deseos, tanto conscientes como inconscientes.

Si nunca hemos tragado al marido de nuestra mejor amiga y ésta nos pregunta qué pensamos con respecto a su intención de separarse de él, probablemente tenderemos a transmitirle unas informaciones y unos juicios que reflejarán más nuestros propios problemas de relación con su marido que los de ella. Por una parte, nuestra amiga quizás se sienta algo turbada y, por otra, nuestra opinión puede conducirla a adoptar una decisión todavía más drástica.

Las proyecciones

En efecto, a menudo, cuando damos un consejo no hacemos más que proyectar lo que nos gustaría hacer si nos encontrásemos en el lugar de la persona que nos está pidiendo la opinión, es decir, proyectamos nuestros miedos, nuestras frustraciones, nuestros sentimientos o nuestra culpabilidad, incluso aunque nuestra única intención sea la de evitarle un fracaso.

La mayoría de las veces lo hacemos de forma inconsciente, pero con tal convicción que podemos llegar a desestabilizar a la otra persona hasta el punto de hacer que pierda la confianza en sí misma y que ya no sepa si será capaz de tomar la decisión adecuada o de llevar a cabo sus proyectos. De hecho, es muy poco frecuente que aconsejemos a alguien basándonos unicamente en la información que nos proporciona o que le escuchemos sin dejar que nada pueda interferir en nuestra mente. Si le pedimos el consejo a una amiga con respecto a la elección de un vestido, resulta curioso observar que no siempre nos aconseja el que nos queda mejor. Pues, incluso aunque intentemos ponernos en el lugar de la otra persona y, por mucho que conozcamos sus gustos, y sus costumbres, siempre tendemos a añadir algún detalle, algún accesorio, o a sugerirle un color que nos guste más.

La atracción hacia el poder

Todas estas actitudes son extremadamente ambiguas: además de la sincera preocupación de prevenir a la otra persona y de aconsejarla lo mejor posible, a menudo también suele existir una necesidad, consciente o inconsciente, de dominarla, lo cual revela nuestro propio miedo a ser nosotros los dominados.

En efecto, con frecuencia, aquel que siente la necesidad de dominar es porque él mismo teme serlo. Y, por desgracia, muchas relaciones funcionan en base a esto, es decir, con amenazas, juicios, consejos, órdenes, culpabilidades y poder. Uno de los dos interlocutores debe ganar por fuerza. Incluso si para ello tiene que imponer sus derechos y su visión del mundo con respecto a los niños, a los amigos, a la casa, a los momentos de ocio, o al dinero. Incluso aunque ello pueda perjudicar al otro. Es el que siempre quiere tener la última palabra, porque considera *que él es el que sabe* y que, por ello, tiene todo el derecho de imponer su voluntad.

Se trata de un comportamiento basado en la competitividad: ser el mejor, el más fuerte, aquel a quien se le reconoce toda autoridad, aunque tan sólo sea en el limitado espacio de su hogar y de su familia. No tenemos ninguna *necesidad* de comportarnos como el «jefe de la tribu», ni de imponer nuestra verdad como si ésta fuese la única. Esta actitud refleja una falta de respeto y, en consecuencia, una falta de amor hacia la otra persona ya que forzar a una persona a adoptar nuestra propia visión de la vida y a seguir nuestras propias reglas no es amarla. Además, por regla general, esto es algo que suele caracterizar al tipo de persona que no se respeta ni siquiera a sí misma.

Esta importante problemática de las relaciones humanas se debe, en gran medida, a la costumbre que hemos adquirido de comunicarnos intercambiando informaciones en lugar de expresar nuestros sentimientos, lo que no puede ser más que una forma incompleta de comprender y de vivir una relación.

Así pues, para que la comunicación funcione de verdad, debemos respetar la opinión de los demás y dejarlos actuar con libertad.

Además, no tenemos porque estar transmitiéndonos informaciones constantemente. Con frecuencia, un exceso de palabras impiden una verdadera comunicación y distorsionan lo esencial. Es una forma de huir y de evitar expresar aquello que realmente queremos decir.

La otra forma de comunicarse

Comunicarse a través del pensamiento: la telepatía

«La mejor forma de comunicarnos no es con el lenguaje, sino con el pensamiento puesto que lo que emiten nuestros pensamientos, eso a lo que llamamos *feeling*, "atmósfera" o "vibraciones" se corresponde con nuestras más profundas convicciones. Los pensamientos completan o sobrepasan la acción del lenguaje quedando grabados en el subconsciente del prójimo.»[3]

La telepatía es un diálogo intuitivo con la otra persona; es como si ambas fuésemos una especie de «cajas de resonancia» para nues-

---

3. Catherine Balance, op. cit. p. 48.

tros pensamientos. A veces somos conscientes de ello –por ejemplo, estamos pensando en una persona y ésta aparece de repente o nos llama por teléfono–, pero, la mayoría de las veces, esto tiene lugar inconscientemente. Se trata de un fenómeno que podemos verificar frecuentemente (incluso, aunque en la actualidad todavía resulte imposible de demostrar).

Si prestamos atención, nos daremos cuenta de que a menudo reaccionamos ante lo que ocurre a nuestro alrededor, recibimos lo que nos comunica nuestro entorno, incluso aunque no lo formule. Sentimos la atracción o la aversión, el afecto o el resentimiento que alguien nos transmite, y ello sin el apoyo de las palabras.

A partir del momento en que aceptemos la idea de que somos capaces de comunicarnos por el pensamiento, entonces podremos expresarnos en silencio y sin necesidad de reprimir nuestro afecto con respecto a alguien. También podremos expresar lo que nos preocupa en nuestra relación con él o lo que no nos atrevemos a transmitirle verbalmente porque nos cuesta mucho hablarle directamente. Es más, estoy convencida de que nuestro mensaje es incluso más fuerte y se transmite mucho mejor por medio del pensamiento que a través de las palabras.

Por ejemplo, alguien que esté atravesando unos momentos difíciles, con frecuencia tendrá dificultades a la hora de escuchar palabras reconfortantes, así como para participar en una conversación. En este caso, la mayoría de las veces resultará mucho más fácil transmitirle pensamientos afectuosos que hablarle. Y esto es algo que podremos hacer sin herirle y sin molestarle, sin que hayan discusiones ni conflictos. De esta forma, la mente interviene mucho menos que durante una conversación.

Comunicarnos telepáticamente nos permite dirigir nuestros pensamientos a alguien sin temer su reacción ni sus juicios. Y si éstos tienen que provocar alguna respuesta, ésta se producirá puesto que el mensaje habrá sido captado y sentido por la persona hacia la que haya sido dirigido. En cierta forma, no hay duda de que lo habrá recibido.

Durante una conversación, también puede ocurrir que transmitamos un mensaje más fuerte por medio del pensamiento. Recuerdo una difícil negociación durante la cual, con el pensamiento, transmití en varias ocasiones un mensaje de amor. Y la negociación finalizó tal y como yo deseaba. Quizás también hubiese funcionado sin este mensaje... Pero, sea como fuere, el hecho de haber llevado a cabo una negociación con estos pensamientos en la cabeza me proporcionó muchísima más satisfacción que si la hubiese vivido de otra forma.

Comunicar a través del pensamiento permite transmitir informaciones a una persona que las recibirá de una forma más o menos consciente. Es decir que la persona sentirá algo pero sin poder llegar a identificarlo o a nombrarlo.

Si le envío mensajes de amor a una persona con la que no mantengo ninguna relación de intimidad (como en el caso del ejemplo anterior), esta persona podrá experimentar, de forma algo confusa, que siento una cierta simpatía hacia ella, pero no tendrá una idea exacta del contenido de mis mensajes. Ni siquiera se imaginará que he podido «hablarle de amor» con el pensamiento.

Por el contrario, si con el pensamiento le digo «te quiero» a una persona a la que quiero, y ella lo sabe, este mensaje llegará de una forma mucho más directa hasta su mente. Probablemente no capte este mensaje, es decir, «te amo» con total exactitud, pero tendrá la impresión de recibir amor, o de estar rodeada de bondad. Quizás, incluso es posible que llegue a pensar que yo le he enviado un mensaje.

En efecto, cuanto más preciso es el mensaje, más fácil resulta de descifrar. La telepatía funciona mucho mejor con las personas con las cuales mantenemos una relación, es decir, con nuestros amigos, nuestra familia, etc. puesto que siempre estamos más o menos «conectados» mental y/o emocionalmente con ellas. Nos sentimos más abiertos y mostramos una mayor disponibilidad frente a estas personas, así como una mayor sensibilidad con respecto a lo que les pueda pasar, puesto que son muy importantes para nosotros. Tampoco necesitamos las palabras para comunicarnos con ellas pues, en cualquier momento, podemos sentir y saber enseguida cuál es su estado de ánimo.

Más aún: cuanto más cercana nos resulta la persona, más capaces somos de «comunicarnos» e incluso, con frecuencia, podemos observar toda una serie de coincidencias que hacen que establezcamos una relación telepática con dicha persona.

En la práctica, puedes verificarlo a nivel cotidiano. Por ejemplo, durante una conversación, muchas veces podemos adivinar el siguiente argumento de nuestro interlocutor, o incluso llegar a pronunciar al unísono las mismas palabras que él. Si prestas atención, te darás cuenta de que esto es algo que suele producirse a menudo. De hecho, cuantas más cosas adivinamos, más desarrollamos nuestra capacidad telepática. Se trata de aprender a estar pendiente de la otra persona con el fin de que, cada vez, puedas ir haciéndolo de forma más espontánea.

Se trata de una cuestión de práctica; volveré a hablar sobre ello más adelante, ilustrándolo con ejercicios.

Mantener la mente abierta para una conversación abierta

Aunque esto es algo que suele darse la mayoría de las veces con las personas más cercanas a nosotros, no siempre ocurre lo mismo con aquellas que no lo son tanto.

Sin embargo, en la comunicación verbal, es importante que abramos nuestra mente a todas las posibilidades, sobre todo cuando entran en juego unas creencias diferentes a las nuestras. La mejor forma de conseguirlo es la de reproducir un intercambio con el interlocutor concediéndole todo nuestro afecto, tal y como haríamos con una persona más cercana, sin demostrarle una excesiva familiaridad, pero sí con la misma empatía. Se trata de que seamos capaces de ponernos en su lugar. De esta forma, al situarnos en un contexto afectivo, podremos mostrarnos mucho más abiertos y receptivos hacia la otra persona.

A partir de este momento, podremos plantearnos tratar a cada persona con más atención y más respeto, así como con una mentalidad más abierta. De hecho, lo ideal es que consigamos recibir todo cuanto tenga que decirnos cada persona en particular –incluyendo sus reproches y sus juicios– con tolerancia y confianza, animándola a expresarse libremente y sin represiones. Esto significa que para comunicarnos bien con los demás es necesario que expresemos –como mínimo con el pensamiento– amor y confianza, incluso algunas veces resulte difícil llevarlo a la práctica. Estoy convencida de que sólo el amor –en su sentido más amplio– puede llegar a liberarnos de nuestros prejuicios, resentimientos y miedos con respecto a los demás. Con la condición, por supuesto, de que no se trate de un amor posesivo, pues en este caso resulta demasiado restrictivo y existe el peligro de que pueda llegar a bloquear la comunicación. La posesividad frena o incluso impide la expresión. Por ejemplo, si nuestra pareja es una persona posesiva para evitar un conflicto podremos evitar decir aquellas cosas que pueda llegar a producirlo.

La posesividad me parece incompatible con el amor; es una de las primeras causas de las relaciones de poder. Con frecuencia, implica que uno de los miembros de la pareja no desea escuchar los deseos del otro y quiere ser el único en llevar las riendas porque está convencido de que esto es lo mejor para ambos. Mantener una comunicación abierta con alguien implica ser capaces de escucharlo sin juzgarlo; responderle sin mostrarnos autoritarios; invitarle a expresar sus sentimientos –sin olvidarnos de hacerlo también nosotros mismos– en lugar de argumentar sobre las informaciones que nos ofrece. Y esto no puede hacerse si no sentimos un profundo amor hacia nosotros mismos y hacia la otra persona, ni tampoco sin un respeto hacia la libertad fundamental de todo ser humano.

Comunicarse de igual a igual

A partir del momento en el que, dentro de una conversación, dos personas consiguen expresar sus sentimientos, la comunicación se vuelve mucho más abierta y ambos interlocutores se encuentran en una situación de igual a igual. De esta forma, pueden escucharse por turnos y animarse mutuamente a hablar y a felicitarse cada vez que tratan algún punto de la conversación que estaba bloqueado. Felicitarse es un acto muy sencillo y, no obstante, es algo que solemos hacer en muy pocas ocasiones. Puede parecer insignificante y, sin embargo, nos permite realizar grandes progresos en la comunicación. En efecto, valorarnos mutuamente reconociendo regularmente los méritos de la otra persona resulta extremamente estimulante y beneficioso.

Para poder escuchar a nuestro interlocutor no debemos olvidarnos que también debemos dejarle hablar a él. Aunque esto pueda parecernos algo evidente, sin embargo no es un reflejo automático.

Todos poseemos una acusada tendencia a cortar a nuestro interlocutor en medio de una frase para comunicarle una idea que se nos acaba de ocurrir y que corrobora lo que está diciendo él o, por el contrario, para demostrarle que está equivocado.

A veces, también puede ocurrir que nos sintamos atacados por sus palabras y le interrumpamos para defendernos. Permaneciendo en silencio, podríamos utilizar el momento en el que nuestro interlocutor se está expresando para poder escuchar realmente todo lo que nos está transmitiendo, sin reaccionar de forma inmediata cuando nos sentimos ofendidos por algún comentario en particular. Si podemos ser capaces de captar lo que siente o cómo lo siente, podremos contestarle con más precisión o, simplemente, mostrarnos más receptivos al problema o a la situación que nos está planteando en esos momentos.

Siempre que puedas, deberás intentar hablar por turnos con tu interlocutor, así como resumir por escrito todos aquellos puntos que quieras contestarle y esperar a que él haya terminado de hablar para exponérselos. Comportándonos así, conseguiremos establecer una verdadera comunicación con los demás.

Ejercicios

Practicar la telepatía

Este ejercicio puede practicarse entre dos o más personas como si se tratase de un juego, y consiste en adivinar lo que piensa uno de los participantes. Utiliza una baraja de cartas y elige algunas para que las miren los participantes. Coge pocas a la vez, cuatro, cinco o, como máximo seis... Uno de los participantes debe elegir una de estas cartas mentalmente, mientras los demás se concentran para intentar adivinar qué carta ha elegido. Intenta dejar tu mente en blanco y así recibirás la información de la forma más directa posible. Evita que cualquier pensamiento entorpezca tu mente con el fin de no disminuir su disponibilidad. El ejercicio sólo debe durar unos pocos minutos. Con la práctica, incluso algunos segundos serán suficientes. Anota tus respuestas después de cada juego para ir verificando tus progresos y repite este ejercicio tantas veces como quieras. También puedes jugar a adivinar números, formas, colores, objetos, palabras, o finales de frases, sin olvidar que, al principio, es mejor que empieces por poco pues, para tener ganas de seguir practicándolo, el juego debe resultarte lo más sencillo posible. Este ejercicio desarrollará tus facultades, tanto para escuchar a los demás como para dedicarles una mayor atención.

LIBERARNOS DEL PEQUEÑO PROFESOR:
APRENDER A NO PROYECTAR (POR ESCRITO)

Este ejercicio difícilmente puede practicarse en directo, al menos al principio, pues requiere que nos tomemos el tiempo necesario para anotar todo cuanto nos pase por la cabeza. Cada vez que nos encontremos ante una situación en la que dejamos hablar a nuestro «pequeño y exigente profesor» –por ejemplo, durante una conversación– deberemos intentar descubrir lo que nos empuja a reaccionar así. Y en cuanto lo logremos, deberemos anotar rápidamente y a grandes rasgos todo aquello que hayamos dicho.

Si realizamos esta práctica con regularidad, con el tiempo llegaremos a ser capaces de modificar inmediatamente nuestro comportamiento durante el transcurso de una conversación. Si retomo el ejemplo del amigo que pide consejo con respecto a su intención de separarse, es importante que sepamos diferenciar nuestros sentimientos de los suyos – sobre todo si no tenemos demasiadas afinidades con la persona que está conviviendo con él. Por este motivo es importante que escribamos todo lo que llegue a nuestra mente, relacionado con el tema. De esta forma nos resultará más fácil tomar conciencia y no proyectar nuestros propios sentimientos con respecto a las dificultades o al problema que atraviesa nuestro amigo. Pues, de lo contrario, los consejos o las inducciones que le prodiguemos reflejarán nuestro propio malestar. Podemos reconocerlo y expresar nuestros sentimientos diciéndole, por ejemplo, que no nos cae bien la persona que comparte la vida con él, pero no es justo que utilicemos este sentimiento para acusar o juzgar a dicha persona.

Aprender a no proyectar, consiste ante todo en comprender qué es lo que proyectamos, por qué lo hacemos y de dónde proceden dichas proyecciones. Tras haber descifrado lo que nos bloquea o nos perturba, dándonos cuenta, por ejemplo, de que ya vivimos una situación similar en el pasado, podremos ayudar verdaderamente a la otra persona y aconsejarla con una mente abierta y, sobre todo, con mucho respeto.

Capítulo 7

La intuición en la vida cotidiana: la relación con nosotros mismos

Cómo utilizar nuestra intuición en el día a día

Por la mañana, al despertarte, tómate algunos minutos para elegir de qué forma vas a organizarte el día, dejando que pase por tu mente todo aquello que aparezca espontáneamente, sin necesidad de pensar. Puede tratarse de la forma en que vas a coordinar tu tiempo o de las decisiones que vas a tomar, lo importante es que te muestres atento, pero sin presiones ni esfuerzos. Si en tu mente se cruzan un montón de pensamientos, anótalos. Un simple repaso te permitirá poder elegir las prioridades y clasificarlas de acuerdo con su importancia.

Si tienes que prepararte una reunión o resolver algún problema, muéstrate receptivo ante la primera impresión que recibas y consérvala en tu mente. Tanto si se trata de algo que sirve para animarte como para ponerte en guardia, normalmente reflejará muy bien tu estado de ánimo, tus temores, tus dudas o tus convicciones y, en la mayoría de los casos, te proporcionará las claves para resolver lo que te preocupa.

Una vez hecho esto, ya estarás preparado para iniciar la jornada. Si escuchamos a nuestra intuición cada día, ésta nos ayudará a tomar decisiones y a encontrar el comportamiento más adecuado para cada situación. Podremos considerarla como nuestra alarma personal, nuestro ojo interior. Ella es la que nos permite poder anticipar los acontecimientos y prepararnos para ellos. Cuanto más la utilicemos, más nos incitará a escucharnos a nosotros mismos, así como a los demás. Porque, si aprendemos a escucharnos a nosotros mismos, también desarrollaremos nuestra capacidad para poder escuchar a las otras personas en general. De esta forma, nos mostraremos cada vez más atentos con respecto a las necesidades de los demás y también mucho más presentes.

Los mensajes de nuestra intuición puedan adoptar un sinfín de matices. Lo que viene a continuación es una ilustración de la forma en la que ésta se manifiesta a veces.

Adivinar y prever

Durante el verano de mis dieciséis años, la lectura del libro *Tables tournantes de Guernesey*, obra en la que Victor Hugo nos habla de las sesiones de espiritismo realizadas en su propia casa, hizo que me entrasen ganas de intentar la experiencia. Al no disponer de un velador, tuve que utilizar una copa. Este método consiste en poner un vaso, boca abajo, encima de una mesa y colocar el dedo muy suavemente sobre el pie de la copa, sin hacer ninguna presión. Alrededor del vaso se colocan las letras del alfabeto, cara arriba, algunos números y también palabras como *sí* y *no*. Todo esto se escribe antes en unas hojas de papel o de cartón, se recorta y se coloca encima de la mesa, de forma que al empujar cada una de las letras, el vaso componga palabras y frases.

La finalidad de esta experiencia es comunicarnos con los espíritus de las personas desaparecidas, tanto si son personajes célebres como personas de nuestro entorno. Había logrado despertar el interés de algunos amigos míos sobre el tema y, durante algunas semanas, hicimos girar el vaso con la mayor seriedad posible, llamando a los espíritus de personajes como Chopin, Napoleón, ¡e incluso el de nuestro querido Victor Hugo!

Cuando un «espíritu» nos contestaba, todos intentábamos conocer nuestro futuro. Recibimos una gran cantidad de respuestas, sobre todo al principio, sin embargo, exceptuando unas pocas, casi ninguna de estas respuestas resultaron ser demasiado serias o precisas.

En efecto, en dos o tres ocasiones, le pedimos que nos dijese el resultado de la quiniela hípica o el número que iba a tocar en la Lotería. Las respuestas siempre eran las mismas y muy tajantes. No podíamos ganar dinero por medio del espiritismo.

Los espíritus parecían muy traviesos y una de las personas del grupo sugirió que dejásemos de hacerles preguntas y que esperásemos a que fuesen ellos mismos quienes nos enviasen sus mensajes.

Realmente, fue algo digno de ver, pues, en cuanto poníamos nuestros dedos sobre el vaso, éste empezaba a moverse y a deslizarse sobre la mesa. A veces iba tan deprisa que nuestros dedos se salían del vaso. Incluso llegamos a preguntarnos si éramos nosotros mismos quienes lo movíamos sin darnos cuenta. Entonces, empezamos a hacer pruebas moviendo el vaso a propósito, pero nunca logramos moverlo tan deprisa como antes sin hacerlo caer.

El rumor sobre nuestras extrañas prácticas se había propagado por todo el pueblo y cada vez acudían más personas a nuestras reuniones, la mayoría de ellas eran muy escépticas y lo único que querían era conseguir pruebas. Esto nos obligó a improvisar toda clase de preguntas cuyas respuestas fueron realmente asombrosas. Recuerdo una de estas personas que, nada más entrar por la puerta, nos dijo: «¡preguntadle mi peso y mi talla a vuestro vaso!». Y, pasados algunos segundos, es decir, el tiempo suficiente para que el vaso pudiese deslizarse por las letras y los números correspondientes, obtuvimos el peso exacto, así como la talla de esa persona. Repetimos la experiencia varias veces, y siempre con el mismo éxito. En otra ocasión, alguien sugirió que saliesen dos personas de la habitación y eligiesen una palabra. Cuando volvieron a entrar, la primera palabra que cruzó mi mente fue *aviación* y, efectivamente, el vaso se fue deslizando, una tras otra, por todas las letras que componían esta palabra. Las dos personas nos confirmaron que, efectivamente, esa era la palabra que habían pensado. Expliqué a los demás que había *escuchado* esta palabra en mis pensamientos y me sugirieron que quizás había sido yo misma la que había movido el vaso. En efecto, puede que fuese así. Pero, de todas formas, esto no era lo más importante.

Para mí, era mucho más sorprendente el hecho de que esta palabra hubiese llegado a mis pensamientos y que hubiésemos sido capaces de comunicarnos telepáticamente. Esto nos permitía imaginar que disponíamos de un sinfín de posibilidades que explotar en nosotros.

Una última experiencia fue la que marcó el final de estas sesiones. Alguien preguntó de nuevo el resultado de la quiniela hípica. El vaso (o el espíritu) volvió a responder que no era posible ganar dinero con la ayuda de los espíritus pero que, puesto que le estábamos reclamando pruebas, nos iba a dar una. Nos indicó tres números asegurándonos que eran los tres números ganadores de la próxima quiniela hípica pero que, de todas formas, no ganaríamos ningún dinero con este pronóstico. A pesar de este aviso, el domingo, todos apostamos por esos números para ver qué pasaba. El resultado nos dejó atónitos. Los dos primeros caballos llevaban unos números diferentes de los que habíamos apostado. Pero, en cambio, hizo falta una foto entre tres caballos para determinar cuál de ellos había llegado en tercera posición. Estos tres caballos llevaban los números que nos había indicado el vaso.

Después, durante mucho tiempo, estuvimos elaborando todo tipo de teorías para intentar comprender todo lo que habíamos vivido durante el transcurso de estas sesiones. La primera de estas teorías consistió en dar crédito a la existencia de esos espíritus que invocábamos a través del vaso. También llegamos a la conclusión de que estos espíritus conocían el futuro y eran capaces de leer nuestros pensamientos. La segunda hipótesis que nos planteamos era que teníamos dones de clarividencia y de telepatía y que nuestra concentración era tan grande que, sin darnos cuenta, insuflábamos una energía particular al vaso para dirigirlo hacia las letras que teníamos en la cabeza. Esto suponía, además, que recibíamos los mismos mensajes. Nunca llegué a pronunciarme por una de estas teorías. Simplemente, recuerdo que estuve haciéndome preguntas durante años y que la conclusión más lógica a la que llegué fue la de reconocer que en nosotros existe una capacidad para percibir cosas, incluso aunque no la utilicemos habitualmente, así como que ésta sobrepasaba de lejos todo cuanto hubiese podido llegar a imaginarme con anterioridad (tanto si se trataba de espiritismo como de telepatía). Esto me animó a pensar que todos poseemos acceso a una extraordinaria reserva de informaciones.

Los mensajes intuitivos de los sueños

Con frecuencia, nuestra intuición se manifiesta a través de los sueños y puede transmitirnos unos mensajes muy precisos para iluminarnos con respecto a nuestras vivencias. También podemos soñar con cosas que nos ocurren al cabo de unos días de haberlas soñado. A esto lo llamamos «sueños premonitorios». Mi madre me contó dos de estos sueños que había vivido cuando tenía trece o catorce años. En el primero, veía la última falange de su dedo corazón sin carne. No quedaba más que la piel, como si no hubiese nada más en su interior. Al día siguiente, al estirarse en una tumbona, hizo un falso movimiento y la silla se dobló en dos. Al caerse, su dedo corazón quedó atrapado en uno de los brazos de la tumbona y cuando consiguió liberarlo, se dio cuenta de que estaba prácticamente seccionado a la altura de la última falange y que tenía el mismo aspecto que en su sueño. En el segundo sueño, mientras estaba paseando por un camino, mi madre se encontró con una víbora que la miraba de forma amenazadora y le interceptaba el paso. Ella gritaba asustada y como no estaba demasiado lejos de su casa, su madre acudió enseguida y mató a la serpiente con un azadón. Al día siguiente, al volver a casa, mi madre vio a una víbora en medio del camino que conducía hasta su casa. Se puso a gritar muy asustada; su madre acudió enseguida y mató a la víbora con un azadón, tal y como había ocurrido en su sueño.

Yo misma he tenido este tipo de sueños en varias ocasiones. Algunas veces, se trataba de conversaciones que más tarde tenían lugar en la realidad, prácticamente palabra por palabra. Otras veces, el mensaje era menos preciso, pero igual de premonitorio.

Uno de mis amigos me explicó que, en sus sueños, había presentido la muerte de su abuela. No tenía unas imágenes claras, pero se sentía lleno de una hermosa energía. Tuvo la impresión de que su abuela estaba viva en él y que intentaba reconfortarlo. Después, esta impresión desapareció de repente, como si se tratase de un agujero negro en un cuadro en el que se hubiese borrado el resto de la imagen. Entonces, sintió que su abuela se iba a morir y, efectivamente, ésta falleció al día siguiente.

Este amigo me contó que también había tenido otra premonición, pero esta vez despierto. Una noche, al volver muy tarde a su casa, con la mente algo perdida en sus pensamientos, tuvo una visión. Durante una fracción de segundo, se le apareció el rostro de una amiga a la que no había visto desde hacía siete años. Tenía el cabello largo y llevaba flequillo. Enseguida tuvo la convicción de que pronto se iba a encontrar con ella. Efectivamente, al cabo de quince días la vio en un café. Tenía el mismo aspecto que en su visión, mientras que siete años antes estaba enferma, anémica y apenas tenía pelo.

Las premoniciones son realmente asombrosas. ¿Se trata de fenómenos puros de clarividencia, o bien nos indican, por medios a menudo irracionales, principalmente ahondando en nuestro inconsciente, un futuro que podríamos prever si analizásemos de forma global todos los datos relacionados con una situación, tal y como si estuviésemos uniendo las piezas de un rompecabezas para reconstruirlo? Entonces, seguramente, las premoniciones deben proceder de una vista de conjunto, inconsciente, percibida sólo por el hemisferio derecho de nuestro cerebro. Éste recoge las impresiones y nos las transmite por medio de *flashes* que nos permiten anticiparnos al futuro.

Pero, en ciertos casos, los sueños traducen unos miedos fuertemente anclados en nosotros que pueden actuar como programaciones negativas y concretarse en la realidad. Pues, con frecuencia, acostumbramos a vivir aquello que más tememos.

La tentación de predecir

«Decir algo sobre el futuro, ya de por sí significa introducir un elemento nuevo que, quizás, pueda ayudar a inducir o a excluir el acontecimiento anunciado. [...] En el mejor de los casos, la «predicción» de los acontecimientos debería ser propuesta en términos de probabilidad de presencia o de manifestación. [...] El acto de predecir modifica el destino potencial, al igual que el observador modifica el comportamiento de la molécula.»[1]

A pesar de que su papel premonitorio me parece innegable, prefiero considerar la intuición como un medio espontáneo de acceso a unas informaciones que no tendríamos porqué considerar obligatoriamente sólo con nuestra lógica. En efecto, utilizar la intuición para predecir el futuro no debe ser nuestra única meta y creo que debemos evitar caer en la tentación de hacerlo, incluso aunque nos resulte asombroso constatar que poseemos intuiciones premonitorias. Los sueños anteriormente citados, son un ejemplo de ello. Pues la predicción implica que enviamos a nuestro subconsciente unas informaciones susceptibles de quedar registradas en él como verdades y que pueden llegar a transformase en programaciones que, en cierta forma, esperamos vivir. Por otra parte, también pueden existir unas intuiciones, o previsiones, mucho más «inofensivas». Recuerdo

---

1. Luc Bigé, op. cit. p. 148.

que durante una conversación con una amiga, tuve una intuición muy clara de que ella estaba embarazada. Y en efecto lo estaba, pero aunque unas semanas más tarde el médico le comunicó su estado, cuando estuvimos hablando todavía era demasiado pronto para que ni siquiera ella pudiese plantearse esta posibilidad. Actualmente, suelo tener muchas intuiciones que, al final, casi siempre resultan ser ciertas. Sin embargo, no suelo revelarlas a no ser que yo misma esté totalmente convencida de que pueden ayudar a la persona involucrada. Por ejemplo, hace algunos años, un amigo mío tuvo muchos problemas económicos a causa de la empresa que había creado. Al hablarme sobre ello, presentí que no tenía porqué preocuparse y así se lo dije. No sé cómo debió registrar esta información en su cerebro puesto que, simplemente, me dio las gracias por haberme interesado tanto por su problema. Pasados unos meses, me informó de que había logrado remontar la situación y de que ya no corría el riesgo de que su empresa pudiese quebrar.

Es cierto que, en la actualidad, mi tendencia es intentar animar a las personas para que consideren las cosas bajo su mejor aspecto. También suelo mostrarme mucho más atenta a los mensajes positivos y constructivos que a aquellos que no lo son. Sin embargo, incluso cuando se trata de «previsiones» positivas, siempre las comunico con muchísima cautela. Ello depende de la información que haya podido *escuchar* o haya *creído escuchar*. El motivo principal de mi cautela se debe a que siempre puedo equivocarme y confundir un mensaje de la mente con una intuición, pero también se debe al hecho de que, por regla general, una intuición suele influir a la persona a quien se la comunicamos. Si, por ejemplo, tenemos la intuición de que una de nuestras amigas acaba de encontrar al «hombre de su vida» y se lo decimos, tenderá a convencerse de ello, sea como sea. El riesgo de este tipo de información es la de crear una ilusión artificial que puede llegar a hacer que se muestre mucho menos atenta a su corazón, a sus emociones o a sus sentimientos.

Esta es la ambigüedad de la videncia. Estos son sus límites. Pues toda videncia tiende a dirigir. Hace que estemos plenamente convencidos de que la previsión que nos han hecho puede llegar a realizarse. Aunque sea cierto que la intuición puede proporcionarnos algunas indicaciones sobre nuestro futuro, sin embargo, el mejor uso que podemos hacer de ella es prestando atención a los mensajes que nos envía y utilizarlos para poder comprender y vivir mejor el presente ya que estos mensajes nos permiten considerar una situación en su conjunto. Iluminan nuestras vidas con un nuevo aire y nos ayudan a considerar un problema de forma en que podamos enfrentarnos a él.

De hecho, nuestra intuición nos permite escuchar otras respuestas y encontrar otras alternativas, incluso aunque a veces puedan parecernos algo descabelladas. Además, desarrollando esta capacidad de escucha interior, cada vez prestaremos una mayor atención a las señales exteriores, así como a todas aquellas coincidencias que, anteriormente, jamás hubieran llamado nuestra atención.

Las señales, las coincidencias

Cuando tenemos que adoptar una decisión, podemos pedirle a nuestra intuición que nos envíe alguna señal, aunque sin llegar a caer en creencias supersticiosas. En *La prophétie des Andes*,[2] James Redfield nos habla de las sincronicidades. Durante una entrevista aparecida en abril de 1995 en la revista *La science du mental*, Redfield desarrolla este tema en estos términos: «Creo que debemos empezar por pensar que el universo es un lugar increíblemente misterioso. Una vez nos hayamos abierto al hecho de que una corneja puede volar por encima de nosotros e indicarnos nuestra siguiente etapa, o que algún acontecimiento sincrónico puede proporcionarnos la ocasión que esperábamos, habremos dado un gran salto hacia adelante. Al fin y al cabo, la sincronicidad nos indica la

---

2. James Redfield, *La prophétie des Andes*, éd. Robert Laffont.

misión que debemos realizar en nuestra vida. Y una vez nos hayamos abierto a este hecho, las experiencias de sincronicidad se multiplicarán puesto que nos dejaremos guiar por ella. Y se abrirán un sinfín de puertas misteriosas para que podamos realizar nuestro sueño. [...] Debemos aprender a aprovechar todas estas misteriosas oportunidades que aparecen en nuestro camino. Debemos permanecer constantemente conectados con nuestra guía intuitiva.

[...] Nuestra mente siempre está llena de preguntas como: "¿Qué debo hacer para conseguir la información que necesito mañana?" O "¿Qué debo hacer, dónde debo acudir para encontrar un nuevo trabajo?"»

Entonces, nuestro ego dice: «¡Pues bien, veamos! Para responder a esto, podríamos ir aquí o también podríamos ir allí, podríamos encargar este libro, podríamos buscar otro trabajo antes de dejar éste, etc.» De hecho, el ego siempre encuentra un gran número de opciones.

Pero, por el contrario, también podemos descubrir que nos sentimos atraídos intuitivamente hacia una opción en concreto. Tal y como suele decirse, sentimos algo a la altura del «estómago» que, por ejemplo, nos hace pensar: «Claro que tengo otras cosas más interesantes que hacer pero, en alguna parte de mí, siento que tengo que ir a buscar este libro a la librería hoy mismo.»

Entonces, vamos a la librería, ¿y qué ocurre? Obtenemos una respuesta sincrónica relacionada con la pregunta en particular que nos preocupaba. Y pensamos: «¡Muy bien! ¡He escuchado a mi intuición y se ha establecido una sincronicidad!» Tal como podéis ver, cuando alguien tiene una idea que se sale de lo común, inconscientemente, siempre tiende a seguir a su intuición.»

Acostúmbrate a anotar todas las señales y coincidencias que puedas observar. Por ejemplo, anota el momento en el que encuentres un objeto que necesitabas con urgencia y que ya habías estado buscando antes sin éxito. Anota también el momento en el que, «por casualidad», caiga en tus manos un artículo muy especial, o leas el pasaje de un libro que te aporte una documentación muy útil para el informe que estás preparando.

También puedes optar simplemente por anotar todo cuanto observes en el momento en el que te hagas una pregunta... Una paloma que pasa por delante de tu ventana, un *pub* que está apareciendo por la televisión, etc., así como cualquier otra cosa que pueda atraer tu atención en esos momentos. Con la práctica, te irás dando cuenta de que estas señales, aparentemente anodinas, pueden poseer un sentido muy particular y que a menudo sirven para que puedas confirmar una decisión que estás a punto de tomar.

De hecho, las seleccionas intuitivamente.

Vivir en el presente

Creo que la mejor forma de ocuparnos de nosotros mismos es viviendo cada instante, tal y como se presenta, sin razonamientos y permaneciendo abiertos a todo lo que el «azar» nos pueda aportar.

Por ejemplo, cuando viajamos solos en tren o en avión y adoptamos esta conducta, con frecuencia terminamos por darnos cuenta de que la persona que está a nuestro lado resulta ser un compañero de viaje realmente interesante, aunque al principio del trayecto quizá no hubiésemos sentido ningún tipo de afinidad especial hacia él.

Siempre que nos tomamos la vida tal y como viene, nos sentimos mucho más dispuestos y abiertos a todo, es decir, que no nos paramos a analizar lo que acaba de ocurrir, no pensamos en lo que pudiera haber pasado y no proyectamos lo que nos hubiese gustado vivir.

Las proyecciones pueden ser muy creativas. Pueden resultar muy útiles y eficaces siempre y cuando las utilicemos conscientemente como, por ejemplo, para programar un objetivo. Pero, después no hace falta que nos pasemos todas las horas del día imaginándonos o soñando que alcanzamos nuestro objetivo.

Debemos aprender a relajarnos y a dedicarnos al momento presente concentrando toda nuestra atención. Cuando *estamos* en el presente, podemos elegir entre dejar pasar una emoción negativa o sustituirla por un pensamiento más constructivo. Vivir en el presente significa dedicarse exclusivamente a lo que sentimos, a lo que está pasando en el preciso momento en el que está ocurriendo. No se trata de preguntarnos si hemos tenido razón o no al elegir esto o aquello, o al realizar esta o aquella elección. Tampoco se trata de angustiarnos por las consecuencias de una decisión que hayamos tomado, ni de anticiparnos a los acontecimientos preocupándonos por lo que pueda ocurrir mañana. A partir del momento en el que dejamos de juzgar una situación, podemos vivirla tal y como se presenta. Si no nos gustan las grandes fiestas y asistimos a una con estos prejuicios, lo único que haremos será «programar» la posibilidad de pasarlo mal o de aburrirnos. Por el contrario, si nos mostramos abiertos y dispuestos a vivir todo lo que pueda sucedernos, podremos modificar nuestro estado de ánimo y considerar la experiencia muy enriquecedora. Si nos liberamos de las informaciones que habitualmente nos proporciona nuestra mente, nos abriremos a todo cuanto una situación pueda aportarnos de nuevo.

Si vivimos abiertos, nuestra intuición tendrá el camino libre para ayudarnos a considerar los acontecimientos de una manera diferente y a obtener algún conocimiento o algún placer. De esta forma, la experiencia se volverá muy enriquecedora ya que, adoptando este tipo de actitud, es probable que las cosas nos vayan mejor que de costumbre.

De hecho, todas aquellas situaciones que no nos gustan no son más que informaciones que han quedado registradas en nuestro cerebro desde hace tiempo y que nuestra mente devuelve a la memoria con regularidad y limitándonos. En esta fase, es muy importante que comprendamos que se trata de unos acontecimientos que hemos elegido vivir. Por ello, en lugar de rechazarlos, es preferible que intentemos ver lo que pueden aportarnos.

Vivir en el presente significa mostrarnos abiertos y disponibles para aceptar todo lo que nos suceda, sin a prioris.

Amar, no amar

Amar o no amar a menudo nos incita a juzgar, a calificar y, a veces, incluso a mostrarnos discriminatorios. Puede tratarse de alguien hacia el cual no sintamos ninguna afinidad en particular o, bien, de alguien cuyo comportamiento no nos guste.

Sin duda, nuestra mente ha descubierto rápidamente ciertos aspectos de su personalidad que, habitualmente, no suelen gustarnos y le hemos juzgado precipitadamente. No obstante, lo más seguro es que esta persona también posea toda una serie de cualidades que apreciamos y debemos mostrarnos abiertos a ella con el fin de ofrecerle la oportunidad de poder expresarlas.

Si actuamos así, podremos llegar a establecer un diálogo con esta persona e incluso es muy posible que nos decidamos a modificar la primera impresión que ésta nos había causado. De esta forma, aprenderemos a superar nuestros prejuicios, lo cual es realmente importante.

Aceptando las diferencias del otro, podremos mostrarnos mucho más atentos y abiertos con respecto a él. Esto no excluye el hecho de que funcionemos por afinidades selectivas y que tengamos preferencias tanto por las personas que solemos frecuentar, como por las cosas que tenemos que hacer. Tampoco sugiero que tengamos que querer a todo el mundo de la misma forma.

Más bien me gustaría sugerir que siempre es posible que podamos encontrar y llegar a apreciar un aspecto de la personalidad de alguien; al igual que, en cualquier situación, por poco habitual que sea, también podemos llegar a descubrir la posibilidad de adquirir una nueva experiencia o unos conocimientos suplementarios. Normalmente, casi siempre suele haber toda una serie de actividades que tenemos que hacer y que nos desagradan particularmente. Sin embargo, si superamos la primera impresión, a menudo asociada a un mal recuerdo o a la idea preconcebida que nos hayamos podido crear, siempre podremos obtener algo positivo y enriquecedor. Por ejemplo, las mudanzas suelen ser consideradas como una actividad bastante molesta y muy poco interesante: llenar las cajas, llevarlas a la nueva casa, subir y bajar escaleras, etc. Y, sin embargo, un traslado es una excelente ocasión para hacer una verdadera limpieza (tanto en el sentido exacto como en el figurado); tirar o regalar todas aquellas cosas de las que queríamos desprendernos, encontrar otras que prácticamente habíamos olvidado o que habíamos buscado, pero sin éxito... También representa una oportunidad para conocer nuestro comportamiento con respecto a los cambios, al mismo tiempo que nos permite ser capaces de desarrollar nuestras aptitudes organizativas.

Creo que lo más importante que podemos llegar a descubrir es nuestra capacidad para adaptarnos a todo lo que pueda sucedernos, convirtiéndolo en algo constructivo. Permaneciendo abiertos a todas las posibilidades, siempre dirigiremos nuestros pasos hacia aquello que más nos convenga.

Ejercicios

AMAR, NO AMAR

Divide una hoja en dos partes. En una, anota todo lo que te guste hacer y, en la otra, todo lo que no te guste. Compara ambas listas y pregúntate por qué prefieres una actividad a otra. Deja que afloren en ti las sensaciones de placer o de rechazo que estas actividades provocan en ti. Intenta recordar y comprender qué fue lo que, en el pasado, pudo llegar a provocar esta atracción o este rechazo. Para ayudarte, busca algunos calificativos para describir con mayor precisión cada una de estas actividades, o bien, intenta asociarlas con situaciones, recuerdos o sentimientos que, de una u otra forma, te hayan podido afectar. También puedes aplicar este mismo ejercicio a las personas con las que te relaciones, tanto con las que tienes afinidades como con las que no las tienes. Cuando pienses en alguien, deja que todos tus sentimientos afloren a la superficie. Comprueba que aquello que no te gusta de la otra persona, en el fondo, no se corresponda a algo que ya existía en ti, aunque tú no hubieses tomado conciencia de ello hasta ese momento.

El objetivo de este ejercicio no es establecer juicios, sino abrirnos más a las diferencias que habitualmente suelen alejarnos de los demás y, de esta forma, poder aceptarlas.

También se trata de que comprendamos que si algo o alguien nos disgusta, a menudo suele ser porque solamente hemos considerado un aspecto de la situación, o bien, una sola faceta del carácter de la persona en cuestión.

CONSAGRARNOS AL INSTANTE PRESENTE

Para vivir el instante presente, sea cual sea, debemos consagrarnos a él, no pensar en el pasado ni en el futuro y acallar a nuestra mente, así como a sus innumerables mensajes. Para conseguirlo, aprovecha cualquier ocasión, por banal que pueda parecerte, incluso cuando te estés cepillando los dientes: en esos momentos, preocúpate únicamente de los movimientos que estés realizando con el cepillo y disfruta de todas y cada una de las sensaciones.

Es decir, ¡haz que dure el instante! Conserva siempre este reflejo en tu mente. Es importante para que puedas desarrollar tu capacidad de concentración, sin forzarla, con respecto a lo que ocurre aquí y ahora y para que puedas silenciar tu mente cada vez que sientas la necesidad de hacerlo.

Capítulo 8

Intuición y salud

**Nuestra intuición nos proporciona indicaciones
sobre nuestro estado de salud**

Una vez nos hemos acostumbrado a escuchar a nuestra vocecita interior, nos volvemos capaces de percibir las señales que nos envía nuestro cuerpo. Debemos prestar la suficiente importancia y observar regularmente a nuestro cuerpo con el fin de llegar a un conocimiento íntimo de éste.

Intuición y síntomas: lo que expresa nuestro cuerpo

Saber escuchar a nuestro cuerpo significa que somos capaces de darnos cuenta de la manifestación de un problema, e identificarlo. Puede tratarse de un simple dolor de cabeza, de un dolor en el hombro, o incluso de la sensación de tener un nudo en el estómago. Lo esencial es que nos demos cuenta. Es lo primero que tenemos que hacer pues, en cuestiones de salud. Resulta muy tentador intentar

121

ocultar la realidad, diciéndonos: «no es nada», «ya se pasará». Una indisposición, un sentimiento de angustia, o incluso una gran alegría, pueden llegar a reflejarse en unos síntomas que, entonces, se convierten en una toma de conciencia para nosotros. Ciertamente, este es el mensaje más evidente y poderoso que nos envía nuestro cuerpo cuando sufre. A su manera, nos «grita» que está vivo y que no podemos disociarlo de nuestro espíritu. Nos recuerda que existe porque, normalmente, siempre tendemos a ignorarlo. Ni siquiera nos mostramos agradecidos por todo lo que nos permite hacer. No cabe duda de que si podemos andar es gracias a nuestras piernas y de que el mero hecho de respirar se lo debemos a nuestros pulmones. Tan sólo nos damos cuenta, y no siempre, de la extraordinaria labor que realiza nuestro cuerpo para mantener el buen funcionamiento de todos nuestros órganos cuando éste se debilita. Así pues, a pesar de todo cuanto le hacemos sufrir –mala alimentación, estrés, etc.– nuestro cuerpo puede aguantar mucho tiempo antes de decidirse a rebelarse. Y cuando esto sucede, lo más posible es que no le prestemos ninguna atención, sobre todo si el dolor no nos parece demasiado serio.

El tipo de vida que obligamos a llevar a nuestro cuerpo le resulta realmente duro; lo tratamos con indiferencia, como si fuese a durarnos eternamente, siempre tenemos mucho más en cuenta nuestras actividades mentales que las suyas. Y, precisamente, esto es lo que pretende recordarnos siempre que se manifiesta a través de algún síntoma. Nos dice: «atención, te estás despistando; tienes un problema que no quieres ver, tienes que integrarme en tu vida para comprenderlo, debes darte cuenta de que soy muy frágil».

Entonces, somos nosotros quienes debemos averiguar qué ha sido lo que ha «estropeado» el motor. Para ello, no hace falta que *razonemos* cuál es el origen del problema que el cuerpo intenta poner en evidencia. Casi siempre, podemos darnos cuenta enseguida dejando que afloren a nuestra mente las imágenes, las palabras y las impresiones que surjan de manera espontánea. Y, una vez hayamos logrado identificar de dónde procede el problema, entonces, podremos integrar nuestro cuerpo porque habremos tomado conciencia de él. A veces se trata de algo muy rápido y muy sencillo.

Un estrés provocado por una conversación algo conflictiva puede causarnos un gran malestar inmediatamente después de que ésta haya tenido lugar. Se trate de un problema respiratorio o digestivo, o de cualquier otro tipo, siempre se hallará directamente relacionado con lo que acaba de ocurrirnos. Entonces, tomamos conciencia de que esta clase de situaciones pueden llegar a provocarnos este tipo de síntomas. Podemos intentar indagar por qué han llegado a afligirnos hasta ese punto, qué parte de nuestro ego se ha sentido más afectada o qué es lo que duda o llora en nuestro interior y decidir mostrarnos más atentos en un futuro con el fin de no volver a dejarnos sorprender por este tipo de reacciones.

La intuición y lo que es bueno para nosotros

Nuestra intuición nos indica lo que es bueno para nosotros. Esto es algo que ya mencioné al principio de este libro. Tanto los recién nacidos como los niños pequeños saben muy bien lo que deben comer o no.

Los bebés comen y duermen siempre que quieren. También saben respirar profunda y regularmente. Funcionan por instinto y ello resulta muy beneficioso para su cuerpo.

LA ALIMENTACIÓN

Por regla general, todos preferimos unos alimentos a otros. Los adultos, normalmente, sea por experiencia, por intuición o por instinto, solemos saber cuáles son los alimentos que más nos convienen, aunque no siempre lo tengamos en cuenta. Por ejemplo, al día siguiente de una fiesta, podemos elegir hacer una comida ligera o no comer nada en absoluto. Intelectualmente, sabemos que esto es lo mejor para nuestro cuerpo. Pero nuestro instinto también lo sabe. En cierta forma, nos lo dicta nuestro cuerpo. Antes de cada comida, también podríamos tomarnos algunos instantes para preguntarnos qué es lo que realmente nos gustaría comer; qué alimento, qué plato... pues estas diferencias pueden variar de un día a otro, así como de una comida a otra. Por regla general, los adultos hemos perdido el vínculo con nuestro ritmo natural, aquel que poseíamos cuando éramos pequeños y que, por ejemplo, hacía que comiésemos siempre que teníamos hambre. Ahora, esto apenas ocurre, pues la mayoría de las veces solemos comer en función de nuestros horarios de trabajo o familiares. No obstante, resultaría aconsejable que cada vez que tuviéramos la posibilidad, esperásemos a tener apetito de verdad, no hasta el punto de sentirnos desfallecidos por el hambre, pero casi. De hecho, en lugar de comer de forma automática, por cuestiones de horario, y tengamos o no tengamos hambre, no deberíamos dudar en dejar pasar los primeros síntomas del hambre con el fin de asegurarnos de que nuestro cuerpo necesita alimentos. Ocurre más o menos lo mismo cuando se trata de dejar de comer: no siempre lo hacemos cuando ya nos sentimos saciados, y además ingerimos muchos más alimentos de los que nos reclama el cuerpo. En la mayoría de los casos seguimos comiendo por vicio o por glotonería. Es cierto que el hecho de procurarnos algunos placeres es muy importante, pero tampoco debería ser tan difícil poder pasar sin ellos, a no ser que oculten una necesidad o una carencia mucho más seria de lo   que nos imaginamos.

Presta atención a estos excesos y a lo que puedan revelar de ti mismo, sobre todo si son muy seguidos. No es que los excesos sean malos por sí mismos, pero si se repiten con demasiada frecuencia, deberíamos empezar a cuestionárnoslo, ya que podrían llegar a provocarnos serios problemas de salud. En EE.UU. resulta muy frecuente ver a la gente «picoteando» todo el día, dado que ello forma parte de la cultura de este país. También es el lugar del mundo que cuenta con un mayor número de personas obesas entre su población. Es cierto que, muchas veces, la comida puede actuar como una compensación o un sustituto de alguna carencia afectiva, a no ser que se trate del miedo a verse privado de alimentos.

El ejercicio físico

Si nos mostramos atentos con respecto a nuestro cuerpo, siempre sabremos en qué momentos necesita descansar, relajarse o hacer ejercicio. Muchas personas poseen la disciplina de realizar algún tipo de ejercicio físico para mantenerse en forma. Es bueno para el cuerpo, siempre que nos provoque un verdadero bienestar, pero jamás deberemos obligarnos a forzar ni un solo músculo.

En este caso, tampoco dudes en utilizar tu intuición para elegir los ejercicios que más puedan adaptarse a tu constitución. Para lograrlo, mientras practiques el ejercicio, muéstrate muy atento a todo lo que puedas llegar a sentir. Por regla general, antes de empezar, bastará con algunos segundos de concentración.

Después, si lo consideras necesario, con el fin de confirmar tus impresiones, pídele a tu intuición que te responda con un sí o con un no.

Descanso-Sueño

Tu cuerpo sabe cuándo necesita descansar. Y tú también, siempre y cuando te tomes la molestia de escucharlo. ¿Cuántas veces te sientes dominado por el cansancio durante el día? ¿Escuchas las señales que te envía tu cuerpo y te dignas a prestarles la suficiente atención? ¿Tiendes a pensar que no tienes tiempo de hacerlo y te niegas a descansar? Sin embargo, siempre tienes la posibilidad de concederte dos o tres pausas de algunos minutos o, como mínimo de algunos segundos, durante un día, a pesar de que tu horario esté algo apretado. Aprovecha estas pequeñas pausas para cerrar los ojos y relajarte, respirando profundamente, estirándote, bostezando o incluso durmiendo un poco. En *La révolution du sommeil*,[1] Pierre Fluchaire recomienda la práctica de los sueños «flash» o «microsueños», de unos diez a treinta segundos. También sugiere que durante dos o tres veces al día, hagamos unas «pausas parking», es decir, pe-

---

1. Pierre Fluchaire, *La révolution du sommeil*, éd. Robert Laffont, p. 134-135.

queñas cabezadas de unos cinco minutos de duración. Y, siempre que sea posible, preferiblemente después de las comidas, nos propone que descansemos unos veinte minutos. Aconseja que prestemos atención a las necesidades de nuestro cuerpo con el fin de darnos cuenta de cuáles son los mejores momentos para hacer estas pequeñas pausas. «De vez en cuando, siempre a la misma hora, etc.; nuestro propio cerebro nos envía unos mensajes precisos, destinados a nosotros mismos (esta expresión es una imagen, pues no existe dicotomía entre nosotros mismos y nuestro cerebro) y que constituyen una señal de alarma, como si se encendiese una luz roja o sonase una alarma. Esta señal es una especie de barrera de protección para evitar entre otros perjuicios, por ejemplo, el «recalentamiento» de este órgano extraordinariamente perfeccionado, pero también extremadamente frágil, que es nuestro cerebro. De esta forma nos comunica que quiere ponerse en ritmo alfa, es decir, un modo particular de funcionamiento que se obtiene cerrando los ojos y descansando física y psíquicamente, sin tensiones, e incluso sin prestar atención a nada.

Pierre Fluchaire pone en evidencia que no seguimos nuestros ciclos de sueño (de una hora y media a dos, dependiendo de las personas) y que no prestamos la suficiente atención a los momentos en los que nos vence el sueño. Para conocer el principio de nuestros ciclos, bastaría con que, durante algunos días seguidos, anotásemos a qué hora nos vamos a dormir por las noches, así como todos los momentos del día en los que nos sentimos cansados. Una vez descubiertos estos horarios, podremos aprovechar nuestros principios de ciclos (estado de adormecimiento) para descansar o para dormir algunos segundos o minutos. Estos microsueños son muy reparadores y permiten que nos recuperemos de forma asombrosa.

Ejercicios

PARA RELAJARSE: LA RESPIRACIÓN

Respira profundamente, contando mentalmente desde el uno hasta el cuatro. Hincha tu vientre lentamente y deja que se llene de aire, como si fuese un globo. Siente cómo este aire ocupa todo el espacio entre tus costillas, que parecen alargarse. Ahora, observa cómo llena tu pecho y sube hasta el cuello, luego bloquea la respiración y permanece en estado de apnea durante el mismo tiempo que haya durado la inspiración. Después, espira lentamente, siempre en cuatro tiempos. Con la práctica, podrás respirar en seis o en ocho tiempos, siempre que te convenga y te sientas capaz de hacerlo.

Piensa siempre en hinchar el vientre, en alargar las costillas y en respirar de forma profunda y regular.

ESCUCHAR A NUESTRO CUERPO

Cuando estés muy relajado, pídele a tu intuición que te indique qué es lo mejor para tu cuerpo: alimentos, cuidados, actividades... Deja que te lleguen sus respuestas.

Cuando tu cuerpo te envía una señal y te das cuenta de ello, localiza la parte de éste que reacciona con más fuerza. Siente lo que ello te provoca, tanto a nivel físico como emocional, qué imágenes aparecen en tu mente, qué sensaciones, qué miedos... o qué alegrías.

Testimonios de los terapeutas

El diagnóstico

Pregunté a varios terapeutas si utilizaban su intuición para establecer un diagnóstico. Todos eran conscientes de que la intuición desempeñaba un importante papel, incluso los que sólo recurriesen a ella con mucha prudencia. Anne, acupuntora, me respondió a este respecto: «La intuición interviene en el diagnóstico, pero ello implica que prestemos atención, tanto a nosotros mismos como a los demás. Debemos aprender a conocernos y a aceptarnos como somos. En el aspecto terapéutico, no puedo impedir que mi intuición funcione.

Cuando veo a alguien, se inician en mí algunos procesos incontrolables que, seguramente, proceden de la intuición incluso cuando el físico de una persona también nos dice mucho sobre su estado de salud (la piel, el peso, etc.). Pero jamás baso mi diagnóstico ni mi trabajo en la intuición, porque siempre puedo equivocarme. La intuición puede completar lo que descubro con mi examen, pero siempre es el tacto el que dirige mi diagnóstico y los tratamientos que recomiendo. Cuando veo a algunas personas y siento ciertas cosas, de forma casi automática, se produce una especie de síntesis que hace que intervenga la morfología de la persona, el estado energético en el que se encuentra... Me sentiría incapaz de decir qué es, pero lo experimento en mí, y «esto» participa hablándome durante todo el transcurso del tratamiento y del trabajo que realizo. A veces, las preguntas que les hago a los pacientes son intuitivas, aunque siempre se corresponden a un desequilibrio que he podido constatar con anterioridad en un plano más técnico como, por ejemplo, tomando el pulso chino.»

Noëlle, que cura por medio del drenaje linfático, asegura que utiliza su intuición en cualquier circunstancia: «Es un conjunto de cosas que me permite elaborar un diagnóstico, asegura ella; ver, tocar, escuchar, sentir... No podemos fragmentarlo. Todo tiene su importancia. Sin embargo, siempre intento diferenciar el instinto de la intuición. El instinto se halla vinculado a nuestra parte más humana, a nuestras emociones y a nuestro ego. No tiene porqué ser obligatoriamente justo ni exacto. La verdadera intuición se sitúa a un nivel mucho más elevado, está relacionada con lo divino. Cuanto más receptivos nos mostramos, más nos abrimos a los demás y más acertada se vuelve nuestra intuición. Se trata de un instrumento de trabajo que mejoramos con los años.»

Sufrí una neumonía un poco antes de mi primera visita con esta terapeuta –comenta un paciente de Noëlle– y ella localizó enseguida la parte del pulmón afectada, simplemente colocando sus manos sobre mi pecho. Le pregunté cómo había podido llegar a establecer este diagnóstico puesto que, cuando ella me examinó, yo ya estaba curada. «Lo sentí al imponer mis manos sobre tu pecho. Pero son cosas prácticamente imperceptibles. Puedes imponer tus manos y no sentir ninguna diferencia, a menos que exista una importante inflamación, o de que haya alguna zona enrojecida o muy caliente. Debemos olvidarnos de nosotros mismos y prestar toda nuestra atención a la otra persona, siempre con un amor y un respeto infinitos pues, de lo contrario, jamás llegaremos a conseguirlo.»

Para Daniel, especialista en medicina general, la intuición siempre se halla presente en el momento del diagnóstico: «Podemos establecer un diagnóstico con la ayuda de los exámenes que realizamos, pero la elección de estos exámenes también tiene mucho que ver con la intuición. No pedimos un chequeo cada vez que tratamos a un paciente, ni tampoco podemos fiarnos únicamente de los síntomas clínicos porque, a veces, no encontramos nada. Entonces, nos dejamos guiar por una especie de intuición. ¿Acaso podemos confundir esto con la experiencia? Quizás... Al principio, siempre hay una pequeña base lógica que se corresponde con todo lo que aprendí durante mis estudios. Después, la intuición no hace más que confirmar o invalidar aquello que he pensado utilizando la lógica. A veces podemos equivocarnos y, otras, sentimos que hemos acertado al haber escuchado a nuestra intuición y haber encargado un examen en especial, o una radiografía, etc., aun a pesar de no haber existido ningún síntoma clínico para actuar así. La medicina no es una ciencia exacta al cien por cien. A veces me digo a mi mismo: "no es normal que este paciente respire así". Y, a pesar de no necesitarla, le hago una radiografía. Se la hago, confiando en mi intuición, y llego a un diagnóstico: un tumor... y, no obstante, no había nada que así lo indicase. Tengo muchas intuiciones de este tipo. Y todas ellas están relacionadas con la manera en que percibo a mis pacientes, así como a su forma de reaccionar... A veces, también estoy seguro de que no necesitan ninguna radiografía. Cuando se trata de enfermedades graves, intento olvidarme de la intuición y si creo que la persona puede tener un tumor, prefiero utilizar el razonamiento. Tengo que verificarlo por medio de la medicina. Probablemente, la intuición podría ayudarme, pero prefiero no tener que recurrir a ella. Pero, tras el examen médico, al final, la mayoría de las veces, acabo dándome cuenta de que no me ha fallado. Un día examiné a un niño de dos años. Tosía un poco, pero no tenía fiebre. Siguiendo mi intuición, y sin saber muy bien el porqué, mandé que le hiciesen una radiografía y, efectivamente, sufría una neumonía. Después, me dije a mí mismo que había tenido una excelente intuición, ya que no existía ningún elemento que corroborase la necesidad de hacerle esta radiografía.»

La elección de los medicamentos

Anne prescribe sus recetas por medio del razonamiento. Después, hace que el medicamento entre en contacto con una parte del cuerpo del paciente: «Tras haber examinado al paciente, coloco el tubo homeopático sobre su vientre. A veces, también he llegado a preguntarme si no se podría hacer con una aspirina. El producto homeopático –aunque el tubo sea de plástico– está particularmente cargado de energía y esto hace que entre en resonancia con la energía del paciente, (los científicos hablan de resonancia magnética, pero quizás podríamos llamarla resonancia energética). Si se trata de una resonancia armónica, es porque hemos encontrado una misma vibración. Podemos darnos cuenta enseguida porque el estado del vientre mejora inmediatamente, al igual que también puede empeorar en el caso de que se trate de un medicamento que no le convenga al paciente. Lo más difícil de determinar es el tiempo que debemos utilizarlo... A algunas personas les bastará con una sola toma para eliminar las sensaciones desagradables, mientras que otras necesitarán varias tomas antes de conseguirlo. Sugiero a mis pacientes que presten mucha atención a este hecho. Si, por ejemplo, se olvidan de tomar el medicamento o, al hacerlo, sienten cualquier tipo de rechazo, esto quiere decir que hay una resistencia o, a veces, también puede significar que ya no lo necesitan. Lo verifico cuando me dicen que han interrumpido el tratamiento y puedo constatar que su estado no ha empeorado. Esto les incita a ocuparse de ellos mismos. También hay terapeutas que imponiendo sus manos

–y haciendo sólamente esto– *saben* qué medicamento deben prescribir. Los recetan, guiados por su intuición, pero también poseen un exhaustivo conocimiento de los medicamentos que utilizan. No se los inventan. No se trata de algo que proyecten. Esto ocurre a nivel del tacto y de los sentidos.»

Para Noëlle, las cosas ocurren de una forma muy distinta: «A veces, no sé qué recetar en ese momento y, a veces, receto algo que, habitualmente, no se suele utilizar para curar el síntoma que han venido a consultarme. Pero, en estos casos, siempre pienso mucho antes de pronunciarme y cuando logro sentir profundamente a la persona, casi siempre suele funcionar, enseguida aparece en mi mente el nombre de un medicamento. Después, mis conocimientos médicos me recuerdan que no es el remedio adecuado para este síntoma. Y, entonces, se establece una lucha entre el intelecto, es decir, lo racional, y este *feeling* tan fuerte que siento. Estoy segura de no equivocarme. Cuando dudo en recetarle este medicamento a mi paciente, esta intuición sigue insistiéndome hasta que me decido a decirle: «aunque no tiene nada que ver con lo que tiene usted, de todas formas, ¡debería tomarse este medicamento!». Y la mayoría de las veces, el tratamiento resulta ser todo un éxito, porque el medicamento que le he recetado ha curado algo muy sutil, un pequeño fallo que había que eliminar para que todo volviese a funcionar bien de nuevo, algo sin ninguna importancia, pero que lo bloqueaba todo. De hecho, el cuerpo había reaccionado manifestando otro síntoma».

¿Puede un paciente seguir su intuición para curarse?

ANNE: «Podemos autocurarnos en caso de urgencia, pero no debemos fiarnos de ello, puesto que somos nosotros quienes más nos engañamos a nosotros mismos, incluso aunque lo hagamos de una forma totalmente inconsciente. Cuando no nos hallamos en un estado mórbido, podemos hacerlo. Sino, es mejor que nos abstengamos a causa de los impulsos de autodestrucción. En la energética china, cuando trabajamos sobre los cinco elementos, vemos cómo aparecen algunos desequilibrios con el único fin de proteger una función vital que está en peligro. Es lo que llamamos patologías necesarias. Existen y debemos tenerlas en cuenta. Debemos comprenderlas cuando los pacientes nos las cuentan pues, algunos de ellos tienen la *necesidad* de estar enfermos. De hecho, solamente utilizo mi intuición cuando se trata de mí. Cuando ello implica a alguien más, prefiero verificarlo por medio de otros sistemas.»

NOËLLE: «Si se trata de intuición, un paciente puede seguirla para curarse. Si es por instinto, no siempre. Por ejemplo, las personas con tendencia a la diabetes, por regla general siempre tienen muchas ganas de tomar azúcar porque su páncreas no produce la cantidad necesaria de insulina. Necesitan azúcar y se la toman porque siempre se sienten bajos de energía. Pero, cuanto más azúcar toman, más frágil se vuelve su páncreas y más desarrollan la enfermedad. No se trata de un instinto benéfico, sino de un instinto puramente orgánico. Con frecuencia he podido observar que las personas con tendencia a padecer enfermedades o trastornos sicológicos, acostumbran a sentirse atraídas inconscientemente hacia un tipo de alimentación o de comportamiento que deberían evitar a toda costa para curarse. Si se trata de intuición, es diferente. Pero para que las intuiciones sean acertadas, debemos saber centrarnos y escucharnos. Podemos autocurarnos si hemos alcanzado un estado de evolución personal, gracias al cual nos conozcamos muy bien. Este es el primer paso que todos deberíamos dar. Cuanto más nos conocemos a nosotros mismos, más acertadas se vuelven nuestras intuiciones. Si tenemos la intuición de que un medicamento puede ser bueno para nosotros, podemos comentarlo con nuestro médico. Esto nos permitirá verificar lo acertado de nuestra intuición y nos animará a utilizarla con más frecuencia».

DANIEL: Para Daniel resulta primordial escuchar al paciente: «Hay personas que dicen: "estoy cansado, no me encuentro bien, debo estar incubando algo". Siempre tengo en cuenta estas intuiciones, pues reflejan un malestar. A veces los pacientes tiene la impresión de que no vamos a tomarles en serio si dicen que tienen la intuición de estar padeciendo alguna enfermedad. Sin embargo, la mayoría de las veces suele tratarse de un problema de salud que nosotros, los médicos, todavía no hemos podido diagnosticar. Debemos prestarles mucha atención, preguntarles más cosas, intentar ir más allá y, quizás incluso, hacerles más exámenes. Es importante que comprendamos el motivo por el cual el paciente no se encuentra bien, incluso cuando se trate de personas que estén acostumbradas a acudir al médico ante el más mínimo problema. Siempre debemos tomarnos en serio a nuestros pacientes. Conozco a una señora de setenta y seis años que me telefoneaba dos veces al día y acudía a mi consulta de tres a cuatro veces por semana. Llegó un momento en el que apenas la escuchaba. Y, de repente, un día me decidí a escucharla de nuevo. Afirmaba que le dolía mucho el pecho. La examiné y tenía una embolia pulmonar. Así es como concibo mi relación con los enfermos. Los escucho mucho.»

¿Qué «dice» nuestro cuerpo?

¿Cómo interpretar lo que expresa nuestro cuerpo? ¿Qué emociones pueden llegar a originar un síntoma? En primer lugar, debemos observar al máximo todas las señales que nos envía nuestro cuerpo con el fin de llegar a comprender lo que las ha provocado.

Con frecuencia, solemos reaccionar de la misma forma ante unas situaciones que ya hemos conocido. La cólera puede llegar a estresar a alguien hasta el punto de provocarle toda una serie de reacciones somáticas en todo el cuerpo (temblores, un corazón que late de forma acelerada, etc.). Algunas personas pueden sentirse totalmente liberadas de su estrés expresando su cólera, es decir, «vaciando su bilis». Sin embargo, a otras, esto podría provocarles más estrés todavía.

Algunas interpretaciones de síntomas

El hecho de que nos dé vueltas la cabeza puede reflejar hipoglucemia o cansancio, pero también ansiedad, tensión, o incluso algún tipo de trastorno emocional. Un dolor muscular se puede deber a que hayamos forzado algún músculo, pero también puede haber sido provocado por haber reprimido un sentimiento, una emoción, y no haber reaccionado. Tener palpitaciones a menudo está muy relacionado con las reacciones emocionales, con los sentimientos. Entonces, debemos prestar mucha atención al tipo de emociones o de acontecimientos que provocan estas palpitaciones y observar con qué frecuencia se repiten.

Las erupciones cutáneas nos recuerdan que no somos capaces de expresar algo. En el libro *Visualisations de guérison,*[2] el doctor Gerald Epstein interpreta el eczema como una «cólera salvaje y volcánica que no ha encontrado el medio de expresarse». También desarrolla una hipótesis realmente interesante sobre el origen de las enfermedades del sistema otorinolaríngeo (ORL).

«He descubierto que, con frecuencia, la tristeza se halla asociada a este tipo de infecciones. La persona cuya nariz gotea a causa de un resfriado, también llora una pérdida, o responde al recuerdo de una persona desaparecida, a no ser que lo que le ocurra es que se esté enfrentando a un proceso de transición. Las separaciones y las pérdidas son los principales ingredientes de la tristeza, de las penas, de las lágrimas y de las infecciones ORL. (otorinolaríngeo). Poner el dedo en la llaga y reconocer abiertamente nuestro sufrimiento, podrá ayudarnos a deshacernos de los síntomas.»[3]

---

2. Dr. Gerald Epstein, *Visualizations de guérison*, éd. Jouvence, p. 89.
3. Ibid., p. 102-103.

Esta obra, realmente instructiva, nos remite a las causas síquicas y/o emocionales de la mayoría de las enfermedades y de los trastornos que conocemos.

Las conclusiones del doctor Epstein nos conducen a una reflexión fundamental sobre la salud y sobre nosotros mismos. En la medida de lo posible y si eres capaz de identificarlo, cada vez que te suceda esto, anota qué acontecimiento está vinculado al síntoma que expresa tu cuerpo, o crees tú que pueda estarlo. Esto te permitirá poder comparar los síntomas con las emociones y las situaciones vinculadas a él. Entonces, poseerás un mayor conocimiento de tu cuerpo y de tus reacciones y ello te posibilitará desactivar ciertos mecanismos de defensa creados por tu cuerpo para protegerse de todo lo que considera como una agresión. De este modo, en cuanto tomamos conciencia de un bloqueo, automáticamente, empezamos a hacerlo desaparecer.

Capítulo 9

Intuición y creación

¿Cómo utilizar nuestra intuición para crear?

«Elegir vivir, amar y celebrar la alegría de existir; volvernos totalmente responsables de nuestra vitalidad y de nuestra propia felicidad constituyen sin duda los actos más creativos que pueda realizar un individuo.»[1]

Algunos días, la escritura me viene como una bendición. Tengo la impresión de que todo me es dictado. Mis dedos se deslizan sobre el teclado. Prácticamente, ni siquiera me hace falta buscar las palabras ni las ideas; y si a pesar de todo, alguna vez tengo que hacerlo, cierro los ojos durante unos segundos, pido con el pensamiento que la palabra que busco aparezca en mi mente y ésta aparece. También practico un pequeño ritual: tengo una piedra en forma de pirámide a la que, simbólicamente, le he atribuido la

---

1. Guy Corneau, op. cit., p. 40.

función de «ayudarme a escribir». De esta forma, antes de empezar a escribir o cada vez que necesito ayuda o concentrarme más, la conservo un momento entre mis manos o la coloco encima de mi frente. ¡Y también funciona! Por regla general, simbolizar un sentimiento, un deseo, una frustración o una molestia por medio de un objeto suele resultar muy eficaz.[2] Esto permite que nos mantengamos en contacto con nosotros mismos, con nuestra petición o con nuestros sentimientos, al mismo tiempo que descargamos este impacto emocional en el objeto que hemos elegido. También es una forma de liberarnos, de dejar que las cosas sigan su cauce, de mantener las distancias para no volvernos a implicar de la misma forma. En el caso de la escritura, es como si le pidiese a alguien que escribiese por mí.[3]

De repente, mi mente se vuelve mucho más neutral, me siento muchísimo menos implicada —como si no fuese yo— y entonces, escribo con más libertad. Algunos días, doy vueltas y más vueltas alrededor de mi ordenador antes de sentarme para ponerme a escribir. Tengo la impresión de que no domino suficientemente el tema sobre el que quiero tratar. Retraso lo máximo posible el momento de empezar y, cuando finalmente me decido, no siempre estoy segura de que vaya a tener algo que escribir. Y, sin embargo, la mayoría de las veces, esto sigue funcionando y las palabras fluyen en mi mente con facilidad.

No creo que estos días sean días en lo que me sienta menos inspirada, simplemente son días en los que tengo la necesidad de trabajar de una forma diferente y en los que me distraigo con más facilidad que de costumbre. Entonces, aprovecho el tiempo para leer, para soñar, o para llamar por teléfono. Y me he dado cuenta

----

2. Esta idea fue expuesta así por Jacques Salomé durante una conferencia que tuvo lugar en París en 1996.
3. El objeto simbólico también permite identificar aquello que plantea un problema y aceptarlo sin avergonzarnos ni sentirnos molestos.

de que estas pausas también me sirven de inspiración. Por regla general, me permiten unificar mis ideas y encontrar la frase más adecuada para empezar un nuevo capítulo y de la que, además, se derivarán varias páginas de escritura. A veces, mi intuición también me guía hacia una fuente de conocimientos que me ayudan a recuperar mi creatividad. Entonces, por ejemplo, tiendo a prestar mucha más atención a las coincidencias que tienen lugar en un libro, en una película o en una conversación, traten o no del mismo tema. Incluso aunque se trate de temas diferentes, alimentan la inspiración y desencadenan un proceso interior de creación.

Gracias a esta «guía», surge la confianza. Incluso me atrevería a decir que una confianza absoluta. Esto se verifica durante esos días en los que, aparentemente, no tengo ninguna inspiración pues, incluso en esos momentos, siempre hay algo nuevo que aprender y comprender. De hecho, nuestra intuición nos permite diversificar los medios de investigación y de inspiración. Esto es algo que puede tener lugar en nuestra cabeza, o también puede tratarse de un acontecimiento exterior que nos proporcione materia para reflexionar. Tan sólo requiere que nos mostremos receptivos. Cuando abrimos la válvula, cuando abrimos la puerta que nos conduce a nuestra imaginación, entonces, una multitud de imágenes o de ideas afloran en nuestra mente. Éstas nos ayudarán a tomar decisiones y a expresarnos, sin temer los juicios de los demás. La imaginación es nuestro «trastero» tanto de ideas, como de descubrimientos creativos.

«En el ámbito de la experiencia humana, todo tiende hacia la expresión de los talentos y de la originalidad de la persona. Los seres más felices de la Tierra son aquellos que han logrado encontrar una forma de afirmarse que les satisface, ya sea en el ámbito de la jardinería, como en el del bricolaje, o incluso de alguna manifestación artística. Con frecuencia saben cómo expresar su verdadero ser a través de la sexualidad, de la pareja, de la familia o del trabajo. Su poder de exteriorización ha hecho que puedan estar en comunión con su entorno humano y natural. Así pues, la alegría de vivir es la recompensa de aquel o de aquella que ha conseguido satisfacer sus necesidades fundamentales y afirmar su identidad fundamental.»[4]

La creatividad abarca todo lo que nos permite vivir mejor, y también todo aquello que aportamos a nuestra vida cotidiana con el fin de mejorarla, así como toda la alegría de la que somos capaces de disfrutar y de compartir con los demás. Crear nuestra vida consiste en (re)inventar nuestra capacidad para apreciarla y (re)encontrar en nosotros la serenidad, la plenitud, la unidad. En resumen, se trata de que, cada día, procuremos vivir momentos que nos colmen.

Crear

Crear es el deseo de hacer y de realizar, es participar en la belleza y en la armonía del mundo.

Si la persona no experimenta el deseo con total profundidad, no puede tener lugar una verdadera creación. Es necesario un impulso muy fuerte; ese tipo de deseo que mueve las montañas y nos empuja a realizar aquello en lo que más creemos. Crear significa participar en la belleza y en la armonía del mundo. Y todos podemos participar. Por ejemplo, cuando rezamos por la paz o soñamos un mundo mejor, participamos en la armonía del mundo. Cuando prestamos atención a nuestro entorno e, individualmente y según nuestros medios, contribuimos a crear una mejor calidad de vida, participamos en la armonía del mundo. Y, finalmente, cuando creamos algo con nuestras manos o resolvemos un problema, también participamos en la belleza y en la armonía del mundo. Cada uno de nuestros gestos, incluso el más pequeño de ellos, si genera bienestar

---

4. Guy Corneau, op. cit. P. 64.

y nos hace sentir mejor, tanto a nosotros mismos como a los demás o a nuestro entorno, es un acto de creación para el mundo. Podemos vivir esta experiencia a diario y, de esta forma, nos convertiremos en los creadores de nuestra propia vida.

Convertirnos en nosotros mismos

Saber escucharnos y aceptarnos, sentirnos unidos a nosotros mismos aceptando todas las facetas de nuestra personalidad es la primera de todas las creaciones. Debemos atrevernos a expresar nuestra individualidad y nuestra originalidad dejando atrás nuestros antiguos esquemas de fracaso, los complejos, los miedos... Podemos descubrir nuestra creatividad planteándonos las siguientes preguntas y utilizando nuestra intuición para contestarlas. ¿Para qué estoy hecho? ¿Qué me gusta hacer? ¿Qué actividad me gustaría desarrollar? ¿En qué ámbitos de la vida me siento más a gusto o mejor preparado? ¿Qué cosas he hecho hasta ahora que, realmente, me conviniesen?

La inspiración:
el acceso a la imaginación personal y colectiva

Cualquier creación tiene su origen en la imaginación, esta inmensa reserva de posibilidades creativas y de informaciones conscientes e inconscientes. Me gusta imaginar que se trata de un espacio común, de una inmensa red que nos vincula unos a otros, aun a pesar de que todos poseamos nuestra propia imaginación. Podemos comparar esta red a una red informática como la de Internet, gracias a la cual, actualmente, podemos comunicarnos con el mundo entero y obtener un sinfín de informaciones. Con la diferencia, por supuesto, de que nosotros no dirigimos nuestra intuición hacia un «chat» en concreto, sino que ésta acude a nosotros de forma espontánea y que las informaciones que va a buscar no aparecen en ningún libro, ni en ningún programa informático. Proceden de una fuente mucho más amplia que cualquier base de datos, por perfeccionada que esté. Y, aunque resulten menos visibles y, en consecuencia, mucho menos evidentes de observar, sin embargo, siempre brotan en nuestra conciencia a partir del momento en el que nos permitimos recibirlas.

La improvisación

Una de las manifestaciones más asombrosas de la intuición con respecto a la creatividad puede ser observada en la improvisación. Como ejemplo, me gustaría ofrecer aquí el de la improvisación musical. Recuerdo un concierto de Michel Portal, uno de los saxofonistas y clarinetistas franceses de jazz con más talento que conozco.

Le acompañaban François Jeanneau, Daniel Humair y Henri Texier. Este concierto fue un espectáculo totalmente improvisado, pero la armonía entre los músicos resultaba tan increíble que tuve la impresión de que tocaban como si todo hubiese estado preparado de antemano. Tras la actuación, me acerqué a hablar con François Jeanneau y le hice esta observación. Me respondió que se conocían tantísimo entre ellos y que estaban tan acostumbrados a tocar juntos que habían aprendido a escucharse unos a otros y que, con el tiempo, habían llegado a ser capaces de anticiparse a lo que iba a tocar cualquiera de ellos, tal y como si estuviese escrito en una partitura. Esto les permitía poder reaccionar sin notas falsas y sin falta de gusto. Al dominio de sus instrumentos y de sus conocimientos musicales se añadía la capacidad de crear en el instante, de forma espontánea, sin reflexiones ni premeditaciones. Esta aptitud para crear en el instante, para concentrarse durante una fracción de segundo antes de empezar a tocar, ilustra a la perfección el papel de la intuición –de la capacidad de escucha– en lo que concierne a la improvisación y a la creación. También demuestra la necesidad de que se establezca un buen equilibrio entre el dominio o los conocimientos empíricos y la intuición. Y, en particular, esto puede verificarse en el caso del jazz, puesto que, precisamente, este tipo de música se basa principalmente en la improvisación.

La improvisación verbal también es extraordinaria. A veces, algunos artistas se convierten en narradores y se lanzan sin red de protección, al igual que equilibristas, en unas creaciones poéticas o humorísticas totalmente asombrosas. Por ejemplo, tendríamos que haber visto a Jacques Higelin seguir el hilo de una idea, inspirada por la risa de un espectador o la observación de otro y, al instante, hacer una digresión porque otra cosa le ha llamado la atención. Deberíamos verlo revolotear de una palabra a otra, titubear durante unos segundos sobre la forma de continuar su historia, recuperarse al instante y ofrecer a su público provinciano una magnífica e inesperada caída. Da la impresión de estar constantemente conectado a su vocecita interior y de seguir un hilo imaginario, frágil y tenue, porque puede romperse en cualquier momento, y ello también forma parte de la magia de sus espectáculos. Higelin procede del teatro y domina la palabra, lo cual favorece esta feliz mezcla entre el *savoir-faire* y la improvisación.

Para Pascal Mathieu,[5] la intuición funciona de acuerdo con la experiencia. Le pedí que me explicase qué era lo que le ocurría cuando improvisaba: «la improvisación posee un aspecto totalmente arriesgado. Durante años he acumulado un cierto número de técnicas que en la actualidad me permiten «acertar» siempre que improviso. Pues, si no lo hago, puedo llegar a poner en peligro mi concierto. Lo que me conduce a este tipo de desencadenamientos mentales son mis ganas de salvar el pellejo y de dar lo mejor de mí mismo. Es cierto que también es una aptitud. La trama de mis improvisaciones nunca es premeditada, siempre depende de mi estado de ánimo. Durante el espectáculo todo sucede muy deprisa. No existe la posibilidad de que pueda tomarme unos minutos para dar marcha atrás ni para reflexionar sobre lo que sería más adecuado hacer.

---

5. Poeta y cantante.

Estamos en una inmediatez que hace que no podamos permitirnos equivocarnos. Efectivamente, tenemos intuiciones que nos permiten poder hacer algún nuevo descubrimiento o improvisar en el escenario pero, después, la forma en la que esto se desarrolla es más bien un reflejo de nuestros conocimientos y de nuestra propia experiencia.

También es posible que sea mi práctica sobre el escenario la que haga que enseguida sepa cómo reaccionar en ciertos momentos. Tengo la impresión de que el escenario es un lugar en el que se deben utilizar mucho más los conocimientos que la intuición, a no ser que consideremos que la intuición, cuando se apoya en la experiencia, nos permite encontrar, sin tener que reflexionar, cosas que ayudarán a que el espectáculo pueda evolucionar. Y es verdad que, en cierta forma, el "encontrar" es un acto intuitivo.»

Influencia de las emociones sobre la imaginación

Para crear, debemos ser capaces de sentir, de emocionarnos, de captar, de dejar funcionar nuestra parte derecha del cerebro.

El pintor Alain Guillon me decía a este respecto: «Cuando pinto, siempre me dejo guiar por la intuición. Nunca sé lo que voy a hacer con antelación. No tengo ninguna idea preconcebida de lo que voy a pintar, más bien tengo sensaciones. Experimento una especie de exceso de energía en mi interior y, entonces, sé que ya puedo empezar a pintar. A continuación, mezclo la arena y la pintura sobre el lienzo hasta que aparecen las formas o estructuras que se corresponden con mi estado interior. A partir de ese momento, la elección de los colores o de las materias es puramente intuitiva. Y doy por terminada mi obra cuando ésta se armoniza a la perfección con mis sentimientos. Cuando un cuadro no está equilibrado y no consigo mejorarlo, lo dejo a un lado durante algún tiempo, pero siempre en un lugar visible de mi taller. De esta forma, cada vez que paso por delante, mi mirada se detiene unos instantes sobre él hasta que, de repente y, como por arte de magia, encuentro los colores, los trazos o la materia que debo añadir para terminar el cuadro. Es algo que siento profundamente. Pero quizás, estos sentimientos también se hallen relacionados con mi propia experiencia, con mis estudios, o con los conocimientos que poseo sobre pintura y arte moderno.»

Crear consiste en traducir una emoción, una sensación. Significa expresar lo indecible: la música emociona sin el apoyo de las palabras. De esta misma forma, la intuición expresa «lo que sabemos, sin saber cómo lo sabemos». Se trata más bien de una sensación, de un estado de ánimo, de un *feeling*, traducido o no por medio de las palabras. Un día, un músico amigo mío, me comentaba que la música era el medio de comunicación más completo de todos porque conmueve profundamente aquellas partes de nosotros que no estamos acostumbrados a tratar y que, a menudo, incluso ignoramos; partes de nosotros que jamás utilizamos cuando nos comunicamos verbalmente. Son una fuente de emociones, espacios de resonancia y de energía que vibran ante ciertas combinaciones de sonidos y armonías. La música es un lenguaje más sutil, más emocional y, sobre todo, mucho menos racional que la lengua hablada. Es un mundo de apertura hacia el universo que da lugar a cualquier tipo de interpretación personal. Esta es la función del arte en general, pero yo me atrevería a afirmar que, en este caso, la música ocupa un lugar fundamental.

Para mí, el tango argentino de Astor Piazolla expresa pasión, plenitud, desesperación o alegría; la música ligera de Vivaldi llena mi mente de imágenes bucólicas de una naturaleza en expansión; la de Mozart me conduce hacia una visión más espiritual del mundo...

Recrear la realidad

La interpretación de una pieza proporciona al músico la iniciativa de recrearla, si deja que afluyan en él las sensaciones y la capacidad de escucha interior que le permitirán estar en total armonía con la pieza que está interpretando. Entonces, captará todas las sutilezas y, de acuerdo con su propia sensibilidad, comprenderá esta pieza a su manera, será capaz de improvisar ciertos pasajes y sabrá reinventarla al mismo tiempo que la interpreta. De esta forma, podrá llegar a recrear una pieza, incluso aunque no le haya cambiado ni una sola nota.

Esto es lo mismo que hacemos cuando interpretamos lo que nos dicen, lo que vemos o lo que leemos... recreamos nuestra propia realidad. Aportamos nuestras diferencias, nuestra originalidad. Por este mismo motivo, la realidad nunca será exactamente la misma para todos. Cada uno de nosotros la vemos con nuestro ojo interior, acompañada por el conjunto de sensaciones e informaciones que nos permiten buscar nuestra verdad y hacernos nuestra propia idea de ella. Y, si prestamos atención, nos daremos cuenta de que esto es algo que también podemos conseguir gracias a la intuición. Nuestra intuición nos vincula con nuestro «ser interior», es decir, con ese ser que lo sabe todo de nosotros. Hace que afloren en nuestra conciencia todas y cada una de las sensaciones que experimenta-. mos. Es la que va en busca de nuevas e inesperadas informaciones. Al estar vinculada tanto a nuestros sentidos como a nuestra imaginación, nos permite anticiparnos a una situación e improvisar nuestro comportamiento o nuestras decisiones, dando libre curso a nuestras fantasías y a nuestra creatividad.

Intuición e inventiva

Jamás podemos inventarnos solos la totalidad de una obra, tanto si se trata de una obra artística, como literaria, científica, o de cualquier otro tipo. Simplemente aportamos nuevos elementos y, en cuanto al resto, tan sólo nos limitamos a sumergirnos en los conocimientos que existen desde siempre.

Cada vez estoy más convencida de que el cerebro funciona como unos vasos comunicantes. También creo que, por regla general, una idea nueva se propaga muy deprisa, no porque haya sido difundida en exceso, sino porque forma parte de un movimiento colectivo en un momento dado y despierta un enorme interés entre un gran número de personas. Entre éstas, seguramente destacarán algunos pensadores o sabios que trabajarán, cada uno por su lado, para conseguir que esta idea progrese. Y, aún en el caso de que alguno de ellos realice este descubrimiento y sea el primero en hacerlo público, indiscutiblemente, y a pesar de todo su mérito, siempre se encontrará con personas que le seguirán muy de cerca en sus investigaciones. Y esto sucederá, incluso cuando con anterioridad jamás haya establecido ningún tipo de contacto con ellas.

Esto no hace más que confirmar que somos muchos los que buscamos una misma cosa, al mismo tiempo, y lo que descubrimos es nuestra aportación personal, nuestra verdad sobre esa cuestión en particular. Nuestros descubrimientos hacen que la investigación pueda avanzar –que dé un paso hacia delante– pero ésta jamás habría existido sin la suma de todo cuanto ha sido descubierto con anterioridad. Somos los eslabones de una inmensa cadena de conocimientos. Inventamos, sí, pero en pequeñas dosis. Esto no le resta nada a la calidad de lo que descubrimos. Pero, lo más maravilloso de todo es que nos demos cuenta de que somos muchos los que participamos en ello.

También creo que los inventos nos llegan en forma de «flashes» intuitivos y que ello tiene lugar como una especie de intercambio de informaciones entre el cerebro y el inconsciente colectivo.

Sin embargo, incluso cuando sus investigaciones ya se perciban en el «aire», los inventores siempre se adelantan a su época; poseen una «sensibilidad visionaria», así como la capacidad de anticiparse y de buscar informaciones originales y audaces. Con frecuencia, sus descubrimientos se manifiestan a través de revelaciones fulgurantes como, por ejemplo, el «¡Eureka!» de Arquímedes o el «Pienso, luego existo» de Descartes.

Para Luc Bigé, la intuición es sinónimo de descubrimiento y de progreso y aporta grandes cambios en el sistema. A este respecto, en

L'homme réunifié,[6] otorga un lugar primordial a la intuición con respecto a la elaboración del método cartesiano, que comenta en estos términos: «Tan sólo puede ser aceptado como verdadero aquello que emana de ideas claras, inmediatamente presentes en el espíritu, y fáciles de distinguir. [...] El conocimiento surge de una intuición clara que el pensador ha sabido desarrollar y ordenar.» En otras palabras, la intuición está en el origen de una idea a la que le resultará útil añadir otros elementos, otros argumentos para completarla y enriquecerla. Intuición y reflexión pueden unirse armónicamente y cumplir unas funciones complementarias.

Intuición y espiritualidad

Con frecuencia, estas intuiciones que dan origen a grandes descubrimientos acostumbran a parecerse mucho a las revelaciones místicas. Siempre que descubrimos algo, nos sentimos tocados por la gracia divina. Nos sentimos transportados y experimentamos todos los estados de ánimo. Nos sentimos desbordados de la alegría de vivir. Nos sentimos muy cerca del cielo, muy cerca de la divinidad. Esto se debe a que el fenómeno de la creatividad nos transporta y nos proporciona un sentimiento de unidad y de comunión con nosotros mismos y con el universo. En cierto modo, podríamos considerarlo como un estado de trance y este estado nos acerca a nuestro verdadero ser. Nos sentimos guiados, inspirados por una energía sin límites. «Cuando buscamos algo, siempre llega un momento en el que se hace la luz. No sabemos ni cómo ni por qué se produce, pero está aquí. A veces descubrimos una nimiedad que todavía no ha sido encontrada. Estos son los momentos en los que me siento más feliz, incluso mucho más que cuando aparezco ante el público y recibo un montón de aplausos. Cuando en mi página encuentro

---

6. Luc Bigé, op. cit. p. 64.

algo que nadie ha encontrado con anterioridad, una fórmula en la que nadie ha pensado todavía, y yo sí lo he hecho, simplemente, creo que ha valido la pena haber nacido.»[7]

La intuición creadora en nuestra vida cotidiana

La toma de decisiones

Si la aportación de la intuición es muy fácil de detectar en la creación artística y en la improvisación, quizás no lo sea tanto en otras profesiones, aunque pocas veces suele estar ausente.

Pregunté a algunos empresarios si concedían alguna importancia a la intuición en el momento de adoptar sus decisiones. En conjunto, no tardaron en admitir que funcionaban por intuiciones. Algunos recurrían a ella de forma sistemática y, otros, únicamente de vez en cuando.

A veces, verificaban sus intuiciones por medio del razonamiento y reconocían que, algunas veces, se equivocaban «como todo el mundo». Sin embargo, uno de estos empresarios me confesó que las únicas veces que se había equivocado fueron precisamente aquellas en las que no había seguido su intuición.

Por regla general, todos consideraban que la intuición no es algo que «se pueda sacar de un sombrero», sino que es «un muestrario de elementos racionales». «Cuando debo adoptar una decisión en función de varios elementos –me aseguró uno de ellos–, mi intuición enseguida selecciona unos cuantos. Esto es lo que me permite poder decidirme con mucha más rapidez. Siempre escucho a mi intuición. Pueden demostrarme que un cierto número de hechos deberían conducirme lógicamente a una decisión, pero si intuitiva-

---

7. Pascal Mathieu, *Extrait d'entretiens.*

mente no creo que deba hacerlo, incluso aunque no pueda explicar por qué, jamás tomaré esa decisión. La intuición es un análisis instantáneo de una situación. No tenemos por qué saber explicar sus reglas, pero es como si fuese una foto tomada en un momento determinado y en la que aparecen plasmados cierto número de acontecimientos. Hay luces verdes y luces rojas, y si hay más luces verdes que rojas, entonces, nos lanzamos. La intuición también es experiencia. Va a buscar una información a algún lugar determinado. ¿Dónde? No lo sé, pero tiene mucho que ver con el sentido común y aparece siempre en el momento adecuado. En el mundo de los negocios, debemos anticiparnos constantemente, adivinar en qué contexto se encuentra el cliente, si puede comprar o si se está tirando un farol... La anticipación es lo más apropiado para una negociación.»

Para otro de estos hombres de negocios, el hecho de recurrir a la intuición no era algo tan sistemático: «Utilizo a menudo mi intuición, pero no puedo funcionar sólo con ella. Cuando pongo en marcha el disco duro y considero que no me da la versión adecuada, entonces trabajo con el periférico y, para mí, el periférico es la intuición. No es que por «falta de algo mejor» funcione por intuición, sino que más bien he recurrido a varias hipótesis y he preferido la de la intuición. Cuando afirmo que utilizo bastante mi intuición, lo que quiero decir es que me gusta mucho sentir las cosas y que cuando las siento de forma positiva, entonces, me lanzo. Es el resultado de un análisis que no es ni demasiado matemático, ni demasiado lógico y ni siquiera demasiado construido, pero, sin embargo, sigue siendo un análisis. No vemos cómo corre la pantalla porque ésta va muy deprisa, pero estoy segura de que recurre a un gran número de datos, aunque éstos no sean los que creíamos haber almacenado. La intuición va a buscar los datos a otro sitio. Tengo la impresión de que los busca en mí, pero que, simplemente, se trata de un sistema al que no tengo acceso de forma reflexionada.

Mirar a una mujer y decir: «me gusta», es un análisis de treinta segundos, tiene lugar un aspecto intuitivo, el *flash*, y también un aspecto construido, basado sobre el hecho de que, por ejemplo, nos gusten las morenas y esa mujer sea morena. En treinta segundos pueden suceder un montón de cosas. Para mí, el sistema intuitivo siempre se basa en algo. Cuando adopto una decisión intuitiva, siempre existe un principio analítico, ya que siento que hay toda una serie de cosas que me harán decir que sí o que no. Pero no participo de la misma manera que cuando recibo a alguien o examino un informe y voy a trabajar de forma categórica, sopesando los pros y los contras y estudiando los riesgos. La decisión que adopte estará mucho más elaborada, mientras que con la intuición la adopto enseguida, sin titubear. Incluso en los trabajos más elaborados, después de diez minutos de entrevista en un setenta por ciento de las veces ya sé lo que voy a hacer. Después, los informes y los documentos pocas veces invalidarán la idea que me haya podido hacer del problema ni de mi forma de enfocarlo. Es una buena forma de actuar, aunque con una pequeña restricción: no existe una certeza absoluta en la utilización de la intuición. Siempre podemos equivocarnos. La máquina que permite este análisis puede ser buena, menos buena, o nada buena.»

Descubrir para qué estamos hechos

En *El alquimista*,[8] el tema de la «Leyenda Personal» me seduce muchísimo. Paulo Coelho desarrolla la idea de que, cuando somos niños, sabemos muy pronto para qué estamos hechos y a lo largo de todo el libro, anima a su héroe a perseguir su ideal. Paulo Coelho llega a la conclusión de que si pasamos por alto esta búsqueda, no podemos realizarnos totalmente y que esto nos genera una frustración. De hecho, muchas veces pasamos por alto nuestra creatividad, nuestra capacidad para inventar nuestra vida y dirigirla. No realizamos nuestro sueño de vida.

---

8. Paulo Coelho, *El Alquimista*, Ediciones Obelisco, Barcelona 1996 (1ª edición castellana).

Me gusta poder pensar que realizamos este descubrimiento durante nuestra niñez ya que cuando somos pequeños, nuestro inconsciente está mucho menos «programado» o «contaminado» por las limitaciones que cuando somos adultos. La imaginación de los niños parece infinita. Poseen muchísima más facilidad para poder explorarla y expresarla sin reservas. Por regla general, suelen ser los adultos quienes les marcan los límites, conduciéndoles incesantemente hacia una visión mucho más racional de la realidad. Sin embargo, al recordar cuál había sido nuestra «Leyenda Personal» cuando éramos niños, resulta sorprendente constatar hasta qué punto nos hemos acercado a ella, una vez llegados a la edad adulta. Algunas veces, incluso hemos llegado a alcanzarla, sin recordar que ya habíamos pensado en ella durante nuestra infancia. En cuanto a aquellos que no han seguido el camino de su Leyenda, por regla general, casi siempre suelen admitir que les hubiese gustado haber podido ser «esto» o «aquello», pero que no lo han conseguido. Algunos alegarán que no han tenido la oportunidad o que las distintas obligaciones sociales o familiares se lo han impedido. Otros dirán sonriendo que se trataba de ideas descabelladas e irrealizables o, simplemente, de sueños infantiles y que, al fin y al cabo, había sido mucho mejor no haberles hecho caso. Sean cuales sean las elecciones que realicemos en nuestra vida, considero interesante proponer con este tema de la «Leyenda Personal» que volvamos a encontrar los ideales que nos acompañaron durante nuestra infancia, así como un funcionamiento más intuitivo y más cercano a nuestros sueños.

También te animo a que intentes recordar qué querías ser cuando eras niño. Esto te permitirá retomar el contacto con tu intuición y tu espontaneidad creadora. Pare ello, puedes relajarte un momento y dejar afluir las imágenes de ese periodo de tu vida. Comprueba hasta qué punto te has acercado a tus ideales de la infancia o si éstos siguen representando un objetivo a alcanzar.

Pero, si de todas formas, nada aparece en tu mente y ningún recuerdo aflora a la superficie, entonces te sugiero que hagas este ejercicio preguntándote simplemente por tus aspiraciones y por tu ideal de vida. Crea un vacío en tu mente con el fin de conseguir estar lo más receptivo posible y deja que las respuestas lleguen hasta ti, sean las que sean, sin juzgarlas, ni analizarlas.

Y, tengas la edad que tengas, nunca olvides que siempre estás a tiempo para aprender a tocar el piano, para pintar con acuarelas, para escribir, o para desarrollar cualquier otro tipo de actividad.

Desarrollar nuestra creatividad

Seguramente, en más de una ocasión te habrás divertido intentando adivinar el final de una película o de un libro, sobre todo cuando se trata de algún enigma policiaco, o incluso a cambiarlo si éste no te gustaba. No dudes en hacerlo regularmente sin censurarte. Además de proporcionarte unos momentos de ocio, también estimulará tu imaginación y hará que te acostumbres a recurrir a ella.

Tampoco dudes en escribir. Tanto se trate de un objetivo como de una carta, de un diario, de una noticia, o de cualquier cosa que pase por tu mente, este ejercicio siempre te resultará muy provechoso.

Insisto mucho en la función de la escritura, aun a pesar de saber que se le atribuyen un gran número de reticencias. No a todo el mundo le gusta escribir, hay muchas personas que creen no tener nada que decir, e incluso a aquellas a las que les gusta hacerlo, a veces les supone un verdadero esfuerzo y una gran disciplina. El esfuerzo de motivarse y de concentrarse, la disciplina de sacrificar sus momentos de ocio para dedicarse a la escribir, sin hablar del temor a releer lo escrito, de no encontrarse lo bastante buenas, etc.

Sin embargo, escribir es una actividad que nos obliga a recapacitar y clarifica nuestras mentes. Aquello que escribimos queda formulado, queda expresado. Después, no podemos pretender que no existe, que no es nada o que carece de importancia... Además, nuestros objetivos y prioridades se vuelven mucho más claros. Escribiendo, podemos subrayar las palabras o ponerlas dentro de un círculo, pero también podemos tacharlas. Podemos hacer una selección porque todo está aquí, ante nuestros ojos, aquello que nos limita, como por ejemplo, nuestras aspiraciones más elevadas, así como los problemas y sus soluciones.

Incluso podemos imaginarnos una solución para cada uno de nuestros problemas, aunque al principio éstos nos parezcan imposibles de resolver. Escribir nos permite desarrollar nuestra inventiva, nuestras fantasías y nuestra audacia.

A aquellos que temen escribir por falta de ideas o de inspiración, les propongo la escritura intuitiva o automática.

Esto se parece mucho a un ejercicio de improvisación. Basta con rozar el teclado del ordenador con los dedos o con apoyar levemente el lápiz sobre una hoja de papel, sin pensar en nada en particular y dejando que las frases vayan apareciendo en nuestra mente. Es un poco como el juego en el que uno escribe una frase en un papel, lo dobla y se lo pasa al compañero. Éste, a su vez, escribe otra frase y vuelve a pasarle el papel al siguiente.

La única diferencia es que, en este ejercicio, estamos solos delante de la página. Si practicas este juego, sin duda te sorprenderás de lo que puedes descubrir, pues tu potencial creativo es superior de lo que te imaginas. Bastará con abrir las válvulas, dejar que corra el agua por el pequeño grifo de las ideas que hay en tu cabeza y mostrarte presente y disponible.

Bastará con que te transformes en receptor.

La vocecita de la vida

Abrirnos a nuestra intuición significa aceptar los imprevistos de la vida, significa aceptar todo cuanto no ha sido fijado de antemano.

Desde que contacto con ella conscientemente, mi intuición me muestra la belleza y la sencillez de la vida. Actualmente, sé que basta con pedir y me muestro muy confiada.

Ya no he vuelto a sentirme sola nunca más. Mi vocecita interior siempre me guía y me acompaña. Me resulta tan familiar como una amistosa presencia que se encuentra en mí y también a mi alrededor. A veces tengo la impresión de que se trata de otro, de una persona o de un grupo de personas que me rodean calurosamente. Sé que esta vocecita es mi cómplice.

Cuando miro a los niños que dan luz a mi vida, Pablo, mi ahijado de ocho años y medio y Noé, su hermano pequeño de seis años, nunca deja de sorprenderme la mirada de asombro con la que miran todo lo que aparece ante ellos. Tienen un montón de ideas y de ganas de vivir. Siempre escucho las historias que me cuentan. A veces juegan a adivinar y casi siempre adivinan... ¡son unos pequeños médiums en ciernes! A nosotros, los adultos, esto nos divierte. Pero, ¿De dónde consiguen ellos toda esta información?

Los niños sienten lo que ocurre, adivinan nuestros diferentes estados de ánimo. Nos enseñan a vivir constantemente. Pero, a menudo, pensamos que fantasean porque no son más que niños. Sin embargo, no dejan de mostrarnos hasta qué punto están abiertos y dispuestos a escuchar; hasta qué punto participan de la vida, del gracioso y sagrado movimiento de la vida.

Nos recuerdan a nuestro niño interior, aquel que sabe improvisar, transformar todo lo que toca, aquel que se siente tan feliz y tan ligero y siempre nos reconduce hasta la fuente.

Nos invitan a volvernos a encontrar con él y a dejarnos inspirar.

«Cuando poseemos la certeza interior de que la vida está aquí, nuestra felicidad aumenta y nos dejamos guiar por ella. Entonces nos volvemos capaces de comprender esta fuente maravillosa de la intuición. Siempre hay una vocecita interior que nos habla de amor y de paz, una vocecita que nos guía hacia la vida.» [9]

---

9. Extracto de una conferencia dada en París en junio de 1998 por Patrice Ellequain y Carmen Enguita, practicantes de «rebirth».

Bibliografía

BALANCE, CATHERINE: *La pensée créatice*, éd. Jouvence.

BIGÉ, LUC: *L'homme réunifié*, ed. Du Rocher.

COELHO, PAULO: *Le pèlerin de Compostelle*, éd. Anne Carrère.

CORNEAU, GUY: *N' y a-t-il pas d'amour heureux?*, ed. Robert Laffont.

EPSTEIN, DR. GERALD: *Visualisations de guérison*, éd. Jouvence.

FLUCHAIRE, PIERRE: *La révolution du sommeil*, éd. Robert Laffont.

GEE, JUDEE: *Comment développer votre intuition*, éd. Dangles.

MILLMAN, DAN: *Le guerrier pacifique*, éd. Vivez Soleil.

MILLMAN, DAN: *Le voyage sacré du guerrier pacifique*, éd. Vivez Soleil.

MONBOURQUETTE, JEAN: *Comment pardonner*, éd. Centurion.

POLETTI, ROSETTE & ROSELYNE FAYARD: *Dialogue de vie*, éd. Jouvence.

RAJNEESH, OSHO: *Tarot de Rajneesh*, éd. Le Voyage Intérieur.

REDFIELD, JAMES: *La prophétie des Andes*, éd. Robert Laffont.

ROSANOFF, NANCY: *Intuition workout*, éd. Aslan.

Índice

Capítulo 7 La intuición en la vida cotidiana: la relación con nosotros mismos

Capítulo 8 Intuición y salud

Capítulo 9 Intuición y creación